Spiel-Lern-Reihe 3–7

Maja Hasenbeck

Solch ein Theater

Mit Kindern auf der Bühne

Burckhardthaus-Laetare Verlag

■ Die Reihe „3–7" wird von Hajo Bücken herausgegeben. Sie ist gedacht für alle, die in der Kindererziehung tätig und mit den Problemen von Vorschulkindern konfrontiert sind in Kindergarten, Vorschule und Familie. Jährlich erscheinen zwei Bände.
Die Bände sind einzeln oder fortlaufend zu beziehen.
(Bei fortlaufendem Bezug sparen Sie ca. 15%)

Burckhardthaus-Laetare Verlag GmbH, Offenbach/M.
Postanschrift: Schumannstr. 161, 63069 Offenbach/M.

Umschlaggestaltung: Sonja Stein-Schomburg, Ammersbek
Illustrationen: Theresia Koppers, Düsseldorf
Herstellung: Joachim Emrich, Gelnhausen
Satz: Salzland Druck, Staßfurt
Druck und Verarbeitung: RGG-Druck, Braunschweig

Die Deutsche Bibliothek – CIP-Einheitsaufnahme
Hasenbeck, Maja:
Solch ein Theater : mit Kindern auf der Bühne /
Maja Hasenbeck. [Ill.: Theresia Koppers]. –
Offenbach/M. : Burckhardthaus-Laetare Verlag, 1997
(Spiel-Lern-Reihe 3–7)
ISBN 3-7664-9328-0

Inhalt

Zum Thema

Kinder spielerisch in die wunderbare Welt des Theaters einzuführen, darum geht es in diesem Buch. Ein solches Theater kann überall stattfinden, im Zimmer, im Hof, im Park, im Wald … Alles beginnt mit dem kindlichen „so tun als ob", ein Spiel, das jedes Kind beherrscht. Doch dies ist nur der Beginn einer fantastischen Reise.

Die Welt des Theaters ist spannend und vielfältig. Hier erleben die Kinder die Faszination des Schattenspiels, die Geheimnisse des Schwarzen Theaters, die wundersame Verwandlung eines Menschen mithilfe von Kostümen, Schminke und Frisurstyling. Tanz und Bewegung fehlen nicht und auch die Töne, die Musik spielen eine wichtige Rolle.

Mit all diesen technischen und inhaltlichen Spielarten können die kleinen Schauspieler Märchen, biblische Geschichten, Gruseliges, Bilderbücher, Verse, Lieder und eigene Fantasien in Szene setzen. Die Spielleiter erhalten eine Vielzahl wertvoller *Praxistips,* wie sie die Kinder bei dieser spannenden Reise begleiten können.

Tips zur Umsetzung in Gruppen

Von Einstiegen und Situationen

Tips zur Umsetzung in Gruppen

Von Einstiegen und Situationen

■ *Die äußeren Voraussetzungen*

Der Raum, in dem gespielt wird, sollte den Kindern eine gute Bewegungsfreiheit bieten. Alle Gegenstände, die leicht beschädigt werden können, werden vor dem Spiel entfernt. Je leerer der Raum, je mehr Ausdrucksmöglichkeiten bietet er den Spielern. Stühle eignen sich jedoch gut zum Spielen, ebenso Tische oder Papierkörbe.

Die Kinder sollten nach Möglichkeit bequeme, unempfindliche Kleidung tragen. Dicke Socken oder Socken mit rutschfester Sohle eignen sich besser als festes Schuhwerk.

Das So-tun-als-ob-Spiel

Beobachtet man Kinder im Alltag, so fällt jedem schnell ihr 'Als ob' Spiel auf. Da brauchen nur zwei Kinder in der Badewanne zu sitzen und das eine Kind packt sich Schaum auf die Haare: „Ich wäre jetzt mal eine Prinzessin und du wärst mein Diener!“ Oder zwei Kinder sitzen am Mittagstisch und eines von den beiden mag sein Essen nicht: „Wir tun jetzt mal, als ob du mein Hund bist und du kommst immer an den Tisch und bettelst. Und ich geb dir immer leckere Sachen ...!“ oder „Wir tun jetzt mal so, als ob ich eine Katze bin und du bist mein Frauchen, und du musst mir jetzt ganz lieb den Rücken streicheln“ ... Die Kette ist mit unzähligen Beispielen fortzusetzen. Dieser Ansatzpunkt, den das Kind jeden Tag selber initiiert, und praktiziert, führt es weiter zum Theaterspiel. Die Kinder stellen sich unterschiedliche Typen vor, probieren aus, wie sie in verschiedenen Situationen reagieren könnten.

Dabei ist das Spiel vom Alter und vom Erfahrungshorizont der Kinder abhängig. Kleinere Kinder werden aus dem Spielvorschlag 'Omas Geburtstag' vielleicht eine große Tortenschlacht machen, während ältere Kinder den verschiedenen Gästen ganz individuelle Charaktereigenschaften geben und diese sogar aufeinander reagieren lassen.

Kinder wissen selber ziemlich genau, wie sie sind und wie sie von der Gruppe gesehen werden. Das kann für manche Kinder ganz schön schwierig sein. Das Theaterspiel schafft ihnen die Möglichkeit, in neue

Rollen zu schlüpfen, sich damit selber anders zu erleben und oft bekommen sie dadurch in der Gruppe einen neuen Stellenwert. Das sind meistens Kinder, die sonst Schwierigkeiten in der Gruppe haben, weil sie zu dick, zu lahm, zu aggressiv, zu schüchtern, zu laut ... sind. Oft hilft es, wenn jeder mal das Gegenteil von dem spielt, was er ist: Der Laute huscht als Piepsmäuschen durch den Raum, der Dicke kringelt sich als Spaghetti auf dem Teller eines Riesen.

Manchmal ist es gut, in die Rolle der geheimen Träume zu schlüpfen: Das schüchterne Kind wird zum Helden, der die Prinzessin aus den Klauen der Drachen befreit, der Draufgänger wird zum kleinen Baby, das im Kinderwagen (Teewagen) durch 'den Park' gefahren wird.

Auch die ganze Gruppe kann dem Einzelnen zu einem neuen Status verhelfen: Ihre Aufgabe kann zum Beispiel sein, einem schüchternen Kind zu einem schicken Kostüm zu verhelfen. Tücher, Hüte, Decken können dann in exklusiver Art mit breiten Bändern um den Körper des Kindes drapiert werden. Ist die Gruppe groß, werden kleine Gruppen gebildet, die einen aus ihrer Mitte kostümieren. Anschließend werden die Ergebnisse in einer Modenschau präsentiert.

Die Spieler wissen, ob bewusst oder unbewusst, dass es nicht darum geht, ihnen 'Flausen in den Kopf zu setzen' und sie zu anderen Menschen machen als sie sind. Ihr Selbstbewusstsein wächst mit der Erfahrung, dass sie durch das Ausprobieren verschiedener Rollen auch von der Gruppe unterschiedlich angenommen werden und nicht in der 'abgestempelten' Position bleiben.

■ *Nachspiel der Realität*

Kinder spielen oft das nach, was sie erlebt oder beobachtet haben. Das können Geschichten aus dem Fernsehen, aber auch aus ihrer Umgebung sein, die sie nicht verstanden haben.

Der Spielleiter kann durch aufmerksames Hineinspüren dem Kind zu Antworten verhelfen, indem er mehrere Möglichkeiten für eine Lösung vorschlägt. Das Kind probiert aus und erfährt, dass es nicht nur eine richtige Antwort auf ein Problem gibt. Theater spielen schafft so auch Hilfe für das tägliche Leben: Es erweitert Menschenkenntnis und verhilft zu größerem Selbstbewusstsein.

Einstiegsszenen

Arzt spielen ist ein wunderbarer Einstieg für alle Altersstufen. Krank war in der Regel schon jeder und Wartezimmer oder eine Arztpraxis kennt auch jeder – das kann eine spannende Szene werden. Jüngere Kinder werden sich gerne betuddeln lassen, kommen mit großen oder kleinen Wehwehchen in die Praxis und die Traubenzuckermedizin, die sie dort bekommen, ist oft das Wichtigste.

Ältere Kinder können sich meist schon differenzierter ausdrücken, nicht nur mit der Sprache, auch Mimik und Gestik sind feiner und ausdrucksstärker. Sie können sich schon gut in die Situation des Einzelnen hineinversetzen. Wie fühlt sich denn der Junge, der mit blutenden Knien dort sitzt, verzieht er sein Gesicht, weil er echte Schmerzen hat oder übertreibt er ein bisschen, damit die anderen Patienten ihn auch tüchtig bemitleiden? Wie verhält sich denn die Dame, die Langeweile hat und deshalb zum Arzt geht? Erzählt sie jedem von ihren (eingebildeten) Krankheiten und wie schlimm es ihr geht? Erzählt sie laut, damit es auch jeder mitbekommt, oder tuschelt sie mit der Nachbarin? Sitzt das fiebernde Kind ganz ruhig und apathisch auf dem Stuhl oder wibbelt es herum? Das Mädchen dort hält sich die Seite, ob es eine Blinddarmentzündung hat? Der Junge da bekommt jedesmal, wenn die Arzthelferin an die Tür kommt, ganz große ängstliche Augen. Ob es Angst vor dem Doktor hat? Wie reagiert denn die Mutter des Jungen – tröstet sie ihn oder wird sie ungeduldig? Ältere Kinder kommen auch untereinander in Kontakt, schaffen schon kleine Gespräche.

Und jetzt das Gleiche ohne Worte

Wie könnte denn dieselbe Szene ohne Worte gespielt werden? Jetzt sind einige Kinder Zuschauer und schauen sich ganz aufmerksam an, was die anderen spielen. Erkennen sie auch jetzt, mit welchen Krankheiten die einzelnen Patienten gekommen sind? Haben sie es an dem Gesichtsausdruck, an der Körperhaltung erkannt oder wie die einzelnen Spieler aufeinander reagiert haben?

Aufregung und Kribbeligkeit

Es ist eine spannende Aufgabe, die Befindlichkeit des anderen nur an der Mimik oder Gestik zu erkennen. Manchmal ist es wichtig, seine Stimme bewusst einzusetzen. Gerade wenn die Kinder kribbelig sind, aber auch wenn sie herrlich ausgelassen sind, tut es gut, seine Aufregung und sein Kribbeln herauszulassen. Geisterbahn zu spielen ist an der Stelle eine herrliche Art sich auszubrüllen: Die Hälfte der Gruppe stellt Monster dar, ob mit oder ohne Geräusch ist jedem Spieler überlassen. Sie stellen sich hinter eine Decke. Die andere Hälfte sind die Besucher der Geisterbahn, die einzeln durch die Gänge geschleust werden. Kommen sie an ein Monster, lässt dieses die Decke fallen und zeigt sich dem Besucher mit einem fürchterlichen Gesichtsausdruck. Und der kann jetzt bei jedem schreien und qietschen – so lange und so laut er will. Anschließend wird gewechselt, ist doch klar, den Spaß lässt sich keiner entgehen. Das Bilderbuch „Wo die wilden Kerle wohnen“ eignet sich hierfür auch wunderbar, es wird im Teil 4, Seite 37 ff ausführlicher beschrieben.

Töne und Sprache

Geräusche, Töne, Laute und Sprache kommen hinzu. Erkennen die Kinder an der Tonlage, wie es einem Menschen geht? Der Spielleiter kann ja anfangen und einen Satz ganz unterschiedlich vortragen: „Warte, bis Du nach Hause kommst!“ – Das kann eine Drohung, ein Hinauszögern oder auch ein Neugierigmachen sein, je nachdem wie es betont wird. „Heute gibt es Spinat!“ – Ist das eine Drohung, eine Feststellung oder ein Versprechen?

Ein Kind stellt sich hinter ein sitzendes Kind und gibt Geräusche von sich. Erkennt das sitzende Kind, was hinter ihm geschieht? Wenn zwei Kinder eine Handlung ausführen, hört das Kind, ob die beiden einen Stuhl an den Tisch rücken, eine Kiste mit Bausteinen auskippen und einen Turm bauen, der dann einstürzt?

Ein Kind schließt die Augen, ein anderes Kind sagt AHHH, das dritte sagt ebenfalls AHHH. Woran erkennt das hörende Kind, dass sich das eine über eine Portion Eis freut, das andere sein schmerzendes Knie hält? Wenn das lauschende Kind unterschiedliche Ohhs hört, kann es dann unterscheiden, welches der Kinder freudig überrascht und welches enttäuscht ist – Ohh wie langweilig, ohh wie schön, ohh wie schrecklich!!

Kann ein Kind dem anderen in einer Fantasiesprache etwas mitteilen und sich verständlich machen? Was hat das andere Kind oder die ganze Gruppe davon verstanden? Sind sie vom Tonfall, von der Mimik, von den Gesten und der Körperhaltung ausgegangen? Haben sie gespürt, was das andere Kind ihnen mitteilen wollte?

Schaffen es die Kinder schon ununterbrochen eine Minute lang etwas zu erzählen? Sie wählen vorher die Lautstärke und die Gefühlsstimmung aus: einmal flüstern, mal zornig, mal verzweifelt, auch mal fröhlich oder mal gelangweilt.

Was sie sagen, ist vollkommen egal, es geht nur um den wütenden, fröhlichen Ausdruck und der dazu passenden schneidenden, weinerlichen, schüchternen, angeberischen Stimme. Passen Lautstärke und Gefühlsausdruck zusammen?

Zungenbrecher sind eine wunderbare Sprachübung:

Zehn Ziegen zogen zehn Zentner Zucker zum Zoo.

Hinterm Haus hackt Hans hartes Holz.

Rosi reibt rote runde Rüben.

Solche Sätze auch noch mit einem Bonbon im Mund zu sagen, macht ja noch mehr Spass.

Flüstern ist für manche Kinder gar nicht so einfach. Bei dem Spiel ‘Stille Post’ wird eine Botschaft leise dem Nachbarn ins Ohr geflüstert, der gibt es dann seinem Nachbarn weiter bis das Wort (oder der Satz) die Runde gemacht hat. Was mag da am Ende herauskommen?

Manchmal muss es auch das Gegenteil sein: Die Kinder stellen sich jetzt vor auf dem Fußballplatz zu sein, und dass ihre Lieblingsmannschaft mit dem Ball auf das gegnerische Tor zurennt. Mit welchem Zuruf können sie ihre Mannschaft anfeuern? Und die andere Gruppe? Was tönen sie dagegen? Kann die eine Mannschaft in dem Radau hören, was die andere ihnen entgegenschreit? Es geht hierbei um klare, kraftvolle Aussagen.

Kontaktspiele

Durch das gemeinsame Spielen kommen die Spieler miteinander in Berührung. Jüngere Kinder haben damit in der Regel überhaupt keine Schwierigkeiten. Jemanden aus Kontaktfreude zu schubsen oder zu umarmen gehört mit zum Ausdruck eines kleinen Kindes. Ältere Kinder haben da manchmal schon Schwierigkeiten. Ihnen helfen Kontakt- und Vertrauensübungen, bei denen auch so ganz nebenbei nicht nur das Vertrauen in die eigene Person, sondern auch zur Gruppe gestärkt wird.

Das können lebhafte Übungen sein, bei denen sie ihre Kräfte zeigen können: Da ist ein reißender Fluss und du kennst einen Weg hindurch. Aber das Wasser ist zu tief. Kannst du den Kleinen da hinübertragen? Wer es ganz spannend haben will, der stellt es sich nicht nur in seiner Fantasie vor. Alle anderen Kinder liegen nebeneinander und bewegen sich wie die Strömung rollend über den Boden. Und durch diese 'reißenden Wogen' trägt das Kind seinen kleinen Gefährten.

Oder wie war es bei Swimmy? Alle seine Freunde wurden von dem großen Fisch verschluckt! Zwei fassen sich an den Händen und versuchen mit ihren Armen, die so das große Maul darstellen, die anderen kleinen Fische zu fangen. Gelingt es ihnen? Aber Swimmy hat eine tolle Idee. Sie bilden zusammen einen Superfisch: Alle stehen dicht zusammen und umfassen sich. So eng versuchen sie jetzt den Spielleiter zu fangen oder zu erschrecken und davon zu jagen. Gelingt es?

Die kleine Raupe Nimmersatt eignet sich auch gut für solche Übungen. Sie frisst sich durch alles was sie findet. Acht Kinder kommen zu Paaren zusammen, fassen sich an den Händen oder stellen ihre Füße aneinander und bilden so Erdbeeren, Pflaumen, Käse, durch die sich die kleine Raupe Nimmersatt frisst, indem sie sich durch die Arme und Bein schlängelt.

Aber auch ruhige Entspannungsübungen machen Kindern Spaß. Die meisten Kinder genießen es 'gekrabbelt' zu werden. Sie entspannen dabei und tanken neue Energie.

Die Ballmassage ist da eine wunderschöne Übung. Die Hälfte der Kinder liegen auf Decken oder Matten auf dem Boden und machen sich dabei so dick und schwer wie möglich. Die Schuhe sind ausgezogen. Die Kinder liegen auf dem Bauch, die Arme sind entweder an ihren Körperseiten oder

ausgestreckt über dem Kopf – so wie es für jeden am gemütlichsten ist. Neben jedem Kind hockt ein anderes, das einen Tennisball in den Händen hält. Diesen Ball rollen sie von der Fußsohle anfangend in kleinen kreisenden Bewegungen über den ganzen Körper des liegenden Kindes. Auch der Kopf wird nicht ausgespart. Sie beenden ihre Ballrollreise am anderen Fuss, gehen dann mit dem Ball noch einmal außen um den ganzen Körper herum und legen den Ball dann am Ausgangspunkt ab. Das am Boden liegende Kind nimmt sich Zeit und setzt sich langsam wieder, damit sich der Kreislauf wieder regulieren kann. Es ist sicher hilfreich, den Kindern vor Beginn zu sagen, dass die erste Berührung des Balles mit dem Fuß für manche Kinder kitzelig sein kann, sie aber schnell die kreisenden Bewegungen des Balles genießen werden. Der Druck auf den Ball kann unterschiedlich stark ausgeführt werden: Am Po kann sicher fester gedrückt werden als am Kopf.

Wenn der Ball wegrollt, was an den Haaren schnell passieren kann, nehmen ihn die Kinder einfach wieder auf und setzen ihre Bewegungen fort. Für die liegenden Kinder ist es sicher am schönsten, wenn sie diese Übung in aller Ruhe ohne Reden erleben können, eine leichte oder beruhigende Musik kann das Entspannungserleben allerdings auch unterstützen.

■ *Die Aufführung*

Dass unter den beschriebenen Gesichtspunkten eine perfekte Aufführung nicht das Ziel der Theaterarbeit ist, wird dem aufmerksamen Leser schnell auffallen. Gut auswendig gelernte Sätze können später gerne hinzukommen, am Anfang steht der Spaß am Spiel. Je spielerfahrener die Kinder werden, umso größer wird auch ihre Improvisationsfähigkeit. Wenn während der Stunden schon die zuschauenden Kinder mit ins Spiel einbezogen werden, so können die Kinder auch bei einer Aufführung vor Eltern, wohlgesonnenen Freunden und Verwandten diese mit in ihr Stück einbeziehen. Wie eine spielerische Aufführung aussehen könnte, bei der auch die Erwachsenen mit in das Stück einbezogen werden, ist in dem Kapitel „Bewegen …“ ausführlich beschrieben.

Jetzt ist die Neugierde und Freude am Ausprobieren hoffentlich geweckt.

Teil 2

Mit Bewegungen in Schwung kommen

Von Spielen und Schritten

Mit Bewegungen in Schwung kommen

Von Spielen und Schritten

Nichts ist beliebter bei Kindern, als sich zu bewegen. Wenn das alles noch zu einer flotten Musik geschieht, werden die Kinder sicher mit großem Spaß an die Sache gehen. Aktionen mit der ganzen Gruppe sind besonders geeignet, weil die Kinder sich gegenseitig anspornen. Außerdem fällt es in der Gruppe weniger auf, wenn jemand eine Schrittfolge noch nicht vollkommen beherrscht. Jeder lernt vom anderen. Alle sind mit Freude bei der Sache. Allerdings sollten zu Beginn, wenn die Kinder noch wenig Erfahrungen haben, zunächst verschiedene Bewegungsspiele angeboten werden, die viel Raum für eigene Fantasie und Gestaltung lassen. Später können einfache, übersichtliche Schrittfolgen hinzukommen und miteinander erprobt werden. Es ist auch wichtig, hin und wieder kleine Pausen zu machen, damit ein wenig Entspannung möglich ist.

Tänze mit Kindern sind meistens flott, es sei denn, es wird in eher meditativen Situationen miteinander getanzt, für die dann entsprechend auch eine ruhige Atmosphäre zu schaffen ist. Die meisten Tänze sind mit einem bestimmten Thema oder einer Geschichte verbunden. Wenn sie mit einbezogen werden, können die Kinder leichter einen Anknüpfungspunkt finden, der mit ihrer eigenen Erlebnis- oder Fantasiewelt in Verbindung zu bringen ist.

Bei rhythmischer, schnellerer Musik ist es für Kinder fast selbstverständlich, dass der ganze Körper mit in Bewegung kommt. Hände und Arme werden ebenso wie Rumpf und Kopf mit einbezogen. Und sind in der eigentlichen Tanzabfolge solche Bewegungen nicht vorgegeben, können sie leicht erfunden werden.

Bewegungsspiele für den Einstieg

Der Einstieg in das Theaterspiel kann über Bewegungsspiele geschehen, egal welchen Alters die Kinder sind. Schnelle Bewegungen kombiniert mit einfachen Aufgaben lockern die Spannung und die Muskeln. Die Kinder kommen mit unterschiedlicher Energie, Befindlichkeiten und Erlebnissen zum Theaterspiel zusammen. Ganz alltägliche Begebenheiten, die alle kennen, können eine gemeinsame Grundlage für das Spiel schaffen und das Thema der Bewegungsspiele sein: Heute morgen bin ich aufgewacht, hab mich gereckt und gestreckt (alle liegen auf dem Boden, recken und strecken sich). Da merkte ich, dass ich ganz nötig pieseln muss und bin zur Toilette gerannt (alle rennen so schnell sie können). Aber da kam schon mein Bruder, der musste auch ganz nötig. Wer wird zuerst auf der Toilette sein (je zwei Kinder versuchen sich zuerst auf einen Stuhl zu setzen)? Mein Bruder hat gewonnen, aber ich war großzügig, nahm ihn sogar Huckepack die Treppe hinunter in die Küche (das größere Kind nimmt das kleine auf den Rücken).

Wir schlangen unser Frühstück hinunter (so tun als ob), zogen uns blitzschnell an (2 Gruppen bilden: Am Ende des Raumes liegen jede Menge Anziehsachen von einem Erwachsenen. Ein Kind in jeder Gruppe ist das Anziehkind, alle anderen rennen zum Stapel, nehmen **ein** Teil, rennen zurück und ziehen ihr Kind damit an. Haben sie ein Teil doppelt, rennt ein Kind zurück und holt ein neues Ankleidungsstück, bis das Kind vollständig mit Socken, Hose, Sweatshirt, Mütze, Schal, Handschuh, Jacke und Schuhe bekleidet ist. Alle übrigen Teile werden zurückgebracht.

Es wurde immer später und wir mussten doch zur Schule (zum Kindergarten). Wir rannten los. Unterwegs traf ich meinen Freund, mit ihm hüpfte ich ein Weilchen (zu zweit hüpfen), hinkelten ein Stückchen auf einem Bein (zu zweit hinkeln). Dabei fiel er hin und verletzte sich am Bein (Wer fällt kunstvoll hin?). Ich trug ihn ein kleines Weilchen (irgendwie den anderen ein kleines Stückchen tragen) bis er wieder laufen konnte.

Wir sahen Frau Schuster mit ihren beiden Hunden, die sie spazieren führte (zwei sind die Hunde, der Dritte führt sie an der Leine). Die Hunde wedelten ganz freudig mit ihren Ruten als sie uns sahen (Wie wedelt ein Kind als Hund?). Aber dann zog der eine Hund zu einem Baum, wo er sein Bein hob, um zu pinkeln (einer ist Baum, der andere Hund, der an den Baum pinkelt).

Da kam der alte Mann aus dem Kiosk mit seinem bösartigen Köter – wie die Hunde aufeinander losgingen und an den Leinen zerrten (die Hunde gehen aufeinander los). Zum Glück konnten ihre Besitzer sie auseinander ziehen (was sie auch tun) und ihres Weges gehen. Da hörten wir die Kirchturmuhr schlagen. Jetzt wurde es aber höchste Zeit: Das letzte Stück rannten wir so schnell wir konnten – und jetzt sind wir hier.

■ *Umsetzen in Szene*

Das ist ja auch schon fast ein Theaterstück! Es könnte im Park stattfinden, also nennen wir es doch auch ‘Im Park’: Ein paar Kinder sind die Bäume, die im Park herumstehen. Andere sind Rutsche oder Wackelgeräte, auf denen Kinder balancieren könnten. Einige Kinder werden zu Hundebesitzer, ein paar sind deren Hunde. Jetzt fehlen nur noch einige Spaziergänger, die im Park spazieren gehen. Kinder, die mit ihren Müttern dort spielen kann es natürlich auch geben.

Da kommt schon der erste Hundebesitzer. Was, er hat seinen Hund nicht an der Leine! Ach, er ist ihm davongelaufen. Richtig, er hat die leere Leine ja noch in der Hand und sucht unter all den Büschen und ruft nach seinem Hund. Sieht er denn nicht, dass er dort hinten beim Spielplatz ist, ganz freudig mit dem Schwanz wedelt und den Kindern zuschaut, wie sie auf dem Wackelgerät stehen, ganz toll die Balance halten und die Rutsche herunterrutschen?

Dort geht eine feine Dame. Wie vornehm sie durch den Park läuft. Sieht sie überhaupt die schönen Blumen oder will sie sich nur in ihrem schicken Kleid zeigen? Ach du Schande, jetzt ist sie in einen Hundehaufen getreten! Oh, kann sie zetern! Da kommt Frau Schuster mit ihren beiden Hunden. Meine Güte, zerren die

Hunde an der Leine. Wie sie ihr Revier markieren. Die pinkeln ja an jeden Baum! Jetzt schnüffeln sie an einem Kind, das auf dem Rasen sitzt und eine Banane isst. Es wirft die Schale achtlos hinter sich, na, wenn das mal gut geht. Da ist es auch schon geschehen: Eine ältere Frau ist auf der Schale ausgerutscht. Ja, hilft ihr denn niemand? Doch, da kommen schon Sanitäter und tragen sie ins Krankenhaus. Ich geh mal mit und seh, ob ich ihr noch helfen kann. Geht ihr jetzt auch nachhause?

Natürlich könnte das Spiel fortgesetzt werden, sofort oder in der nächsten Stunde, indem man sich anguckt, was in der Notaufnahme im Krankenhaus zu erleben ist.

■ *Aktives Zuschauen*

Wenn Kinder Schwierigkeiten haben geduldig zuzuschauen, ist es für manche eine Hilfe, wenn sie passiv mit in der Szene sein können: Im Wartezimmer könnten sie beispielsweise die Bilder an der Wand sein oder die Pflanzen, die das Wartezimmer freundlicher machen. (Manchmal passiert es auch, dass eine Pflanze umkippt oder ein Bild von der Wand fällt!)

In der Parkszene könnten sie Pflanzen sein, die sanft vom Wind bewegt werden oder Blumen, die ihre Hälse der Sonne entgegenrecken.

In einer Zooszene wären sie vielleicht andere Tiere im Käfig oder Gehege, im Bus mitreisende Fahrgäste …

■ *Improvisationstheater*

Wenn die Kinder schon spielgeübter sind, kann sich ein Improvisationstheater anschließen: Einer ist der Doktor, der immer wieder anders auf seine Patienten eingeht. Wie reagiert er auf das knatschende Kind, wie auf den Jungen, der Angst vor seiner Allergiespritze hat, wie behandelt er die schwerhörige Oma, wie die Dame mit der eingebildeten Krankheit, die ohne Unterlass auf ihn einredet?

■ *Körpersprache*

Jüngeren Kindern fällt es leicht sich mit dem Körper auszudrücken. Je älter sie werden, desto leichter fällt es ihnen, mit Sprache und Mimik umzugehen. Deshalb sind Körperübungen am Anfang immer richtig und wichtig, mit der Bewegung kommen Mimik, Gestik und Sprache leichter ins Spiel. Gemeinsame Aufgaben zu haben heißt nicht, dass alle sie gleich ausführen. Wenn ein Kind einen jugendlichen Opa hat, wird es einen Opa garantiert nicht als zittrigen Mann darstellen, dieser Opa fährt vielleicht auf einem Motorrad durch die Gegend, während ein anderer einen Opa darstellt, der im Park auf einer Bank sitzt, gemütlich sein Pfeifchen raucht und Kindern beim Spiel zuschaut. Beide stellen den Menschen aufgrund unterschiedlicher Familienhintergründe, Erfahrungen oder Wünsche verschieden dar und das ist gut und richtig so, die Vielfalt und Fantasie ist entscheidend. Es werden immer wieder Klischeevorstellungen gezeigt, aber je öfter die Kinder spielen, desto freier und ausdrucksstärker werden sie.

Einfache Übungen helfen den Kindern sich differenzierter auszudrücken: Sie ziehen einen Zettel, auf dem ein Nahrungsmittel abgebildet ist (bei Schulkindern geschrieben ist), z.B. Banane, Hühnchen, Apfelsine, Fisch, Pommes mit Mayo, Weintrauben, Schokolade, Bonbon etc. Jedes Nahrungsmittel wird unterschiedlich gegessen. Die Kinder müssen jetzt schon ziemlich genau spielen, damit ihre Zuschauer auch erkennen, was sie gerade so genüsslich verspeisen. Kann der Zuschauer auch erkennen, ob das Essen dem Spieler schmeckt oder ob er es nur widerwärtig isst? Erkennt man auch, wie es riecht?

■ *Aus der Bewegung in den Tanz*

□ *Reagieren* – Wie verändert sich der Körper, bzw. die Körperhaltung, wenn ich auf verschiedene Typen treffe: Ein Kind geht aus dem Zimmer und wartet an der Tür. Es denkt sich dort einen ganz bestimmten Menschen aus, etwa ein fürchterliches Monster, ein trauriges, weinendes Kind, einen zornigen Hausmeister, eine freundli-

che Tante … Ein anderes Kind geht zur Tür, öffnet sie und sieht dort die wartende Person. Wie reagiert es? Weicht es vor dem zornigen Hausmeister zurück, flüchtet es vor dem gruseligen Monster, freut es sich über den Besuch der netten Tante? Können die zuschauenden Kinder nur aus der Reaktion des Kindes erkennen, wer vor der Tür steht?

Wie sieht es aus, wenn solche Bewegungen übertrieben dargestellt werden, und wie, wenn solch ein Bewegungsablauf ins Tänzerische übergleitet?

□ *Fantasienamen* – Besonders kleine Kinder lieben Fantasienamen und können sich sofort etwas darunter vorstellen, während größere Kinder damit manchmal schon Schwierigkeiten haben. Was könnte denn ein Schwippel sein: Wie sieht er aus, wie bewegt er sich? Was isst er gerne, wo wohnt er und womit spielt er am liebsten? Was passiert, wenn sich zwei Schwippel begegnen? Welche Geräusche geben sie dann von sich? Könnten sie zusammen einen kleinen Freudentanz veranstalten?

□ *Tanzschritte* – Die Kinder stehen im Kreis. Eines beginnt und tänzelt auf seine eigene Art auf ein anderes Kind zu. Dieses ahmt zunächst bis zur Mitte die Art des ersten Kindes nach, um dann eine eigene tänzerische Fortbewegung zu entwickeln, bis ein weiteres Kind erreicht ist, das die Kette fortsetzt. Sind alle Kinder im Kreis an der Reihe gewesen, tanzen sie zum Abschluss gemeinsam jeder in der vorher dargestellten Art zu einer flotten Musik.

■ *Einfache Tanzformen*

□ *Inka* – Insgesamt geht es um eine ausführliche Begrüßung, wobei die Grüße sich an alle Anwesenden richten können. Begrüßt werden könnte auch der neue Tag oder die Sonne. Deshalb ist dieser kleine Tanz auch besonders zum Tagesbeginn oder zur Eröffnung eines Festes geeignet. Außerdem können sich je nach Raumgröße sehr viele daran beteiligen.

Bei „Inka" handelt es sich um eine peruanische Musik mit dem Titel „Chisca" im 4/4 Takt. Der Tanz hat eine sehr einfache Schrittfolge und einen leichten Bewegungsablauf.

Erster Teil: Aufstellung im Kreis zunächst ohne Handfassung.

1. Klatschen auf die Oberschenkel, auf die Brust und in die Hände, viermal nacheinander.
2. Aus dem Kreis 4 Schritte in die Mitte gehen, dort Hände hochheben, grüßen und wieder zurück 4 Schritte in die Ausgangsposition, dort Hände nach unten strecken und sich verneigen.
3. Jetzt 8 Schritte nach rechts gehen und ebenso viele wieder zurück.
4. Einander an den Händen fassen, 4 Schritte in die Mitte gehen und dort mit angefassten Händen nach oben zeigen, wieder zurück mit heruntergenommenen Händen bis Ausgangsposition, dort die angefassten Hände nach oben strecken. Alles wiederholen.

Der zweite Teil besteht in der Wiederholung von 1 bis 4. Der dritte und letzte Teil verzichtet auf 1. Zum Schluss stehen demnach alle im großen Kreis mit angefassten Händen, die nach oben zeigen.

□ *Hava nagila* – Dieses bekannte israelische Lied bedeutet übersetzt etwa so viel wie: „Es ist so schön, mit Freunden beisammen zu sein". Der Tanz, dessen Grundschritt sehr leicht zu erlernen ist, drückt diese Zusammengehörigkeit aus, indem die Tänzer in der Kreisaufstellung ihre Hände jeweils seitlich auf die Oberarme des linken und rechten Nachbarn legen. Wer will, kann es noch enger haben, dann werden die Hände der übernächsten Partner hinter den Hälsen der linken und rechten Nachbarn gefasst.

Grundschritt-Folge: Der rechte Fuß wird seitlich nach rechts gesetzt, der linke Fuß ebenfalls nach rechts vor den rechten Fuß, noch einmal den rechten Fuß nach rechts setzen und auf den linken Fuß pendeln, so dass der rechte Fuß wieder neu beginnen kann.

Auf diese Art und Weise bewegt sich der gesamte Kreis langsam aber stetig in Kreisrichtung nach rechts.

□ *Variante:* Nachdem der rechte Fuß zum zweiten Mal nach rechts gesetzt worden ist, das linke Bein anheben, vor dem rechten schwingen und wieder zurück auf den Boden setzen; das rechte Bein ebenfalls anheben und vor dem linken Bein schwingen. Mit dem Zurücksetzen des rechten Beins nach rechts wird wieder mit dem Grundschritt von vorne begonnen.

■ *Der Siebenspringer*

Als einer der ältesten bekannten Tänze ist dieser Tanz im mitteleuropäischen Bereich in unterschiedlichen Versionen bekannt und beliebt. Früher wurde er oft bei Hochzeiten oder Erntefesten getanzt. Die sieben Schritte bzw. Sprünge drücken eine starke Erdverbundenheit aus. In ihnen finden sich Motive von alten Fruchtbarkeitsbräuchen.

Die Musik (2/4 Takt) ist zu beziehen beim Verlag der Spielleute oder beim Dieter Balsias Versand.

Beim Tanz können beliebig viele beteiligt sein. Gerade wegen seiner Vielzahl an verschiedenen Bewegungen ist er bei Kindern sehr beliebt. Allerdings bedarf es einer guten Stabilität und eines gewissen Durchhaltevermögens. Getanzt wird im geschlossenen Kreis mit angefassten Händen, die jeweils zu den Sprüngen gelöst werden.

Am Ende des ersten Tanzteils erfolgt der erste Sprung, danach wird der erste Sprung wiederholt und der zweite hinzugefügt. So geht das weiter, bis zum Schluss alle sieben Sprünge hintereinander folgen.

□ *Die Schritte:*
Sechzehn Hüpfschritte im Kreis nach rechts in Tanzrichtung;
vier Hüpfschritte in die Kreismitte;
vier Hüpfschritte zurück, Hände lösen.

□ *Die Sprünge:*
1. Rechte Hacke vor- und zurückstellen.
2. Linke Hacke vor- und zurückstellen.
3. Auf das rechte Knie knien.
4. Auf das linke Knie knien.
5. Rechten Ellbogen auf den Boden setzen.
6. Linken Ellbogen auf den Boden setzen.
7. Mit der Stirn den Boden berühren.

Wer dann immer noch nicht müde ist, kann wieder von vorne beginnen.

■ *Sonnenstrahlen*

Geeignet ist jede langsame, getragene Musik mit eher meditativem Charakter, beispielsweise Melodien von Kitaro und Vangelis oder Flötenmusik von Hans-Jürgen Hufeisen und Harfenmusik von Andreas Vollenweider.

Dieser Tanz im Kreis oder im Halbkreis steht als Symbol für die Sonne, für das Licht, ist die Sonnenscheibe oder das Sonnenrad, in dem sich alles zur Mitte hin orientiert. Die Sonne symbolisiert Wärme und Leben, Wachstum und Fruchtbarkeit. Unsere Vorfahren verehrten sie wie einen Gott.

Die Inkas im alten Peru sahen die Sonne als göttlichen Ahnherren ihres Geschlechts an. In vielen Kulturen wird die Sonnenwende nach altem Brauch oder auch die Mitternachtssonne verehrt und gefeiert.

Im Sommer kann möglicherweise draußen um ein Feuer, im Winter innen um einen Kreis aus Kerzen getanzt werden.

□ *Schrittfolge:* Es wird mit erhobenen angefassten Händen begonnen. Bei den ersten beiden von insgesamt acht Schritten senken sich die Hände, bei den letzten drei werden sie langsam bis in die Höhe gehoben. Mit dem rechten Fuß nach hinten treten, ebenfalls mit dem linken. Den rechten Fuß mit Gewicht nach vorne setzen, den linken Fuß entgegengesetzt mit Gewicht nach hinten setzen und in einem Wiegeschritt enden.

Der rechte Fuß wird wieder mit Gewicht vorgesetzt und der linke ebenfalls. Mit dem rechten Fuß nach rechts zur Seite treten und den linken Fuß anschließen. Und wieder von vorne beginnen.

Teil 3

Im Schattentheater Märchenhaftes zeigen

Von Märchen und Schatten

Im Schattentheater Märchenhaftes zeigen

Von Märchen und Schatten

Die Technik des Schattentheaters ist bekannt: Eine Leinwand wird gespannt, die von hinten mit einer Lichtquelle (Glühbirne, Spot, Tageslichtprojektor o.ä.) angestrahlt wird. Die Zuschauer, die vor der Leinwand sitzen, sehen die Schatten der Schauspieler oder Puppen, die sich hinter der Wand bewegen.

Die Größe der Leinwand richtet sich nach dem Gezeigten. Wollen die Kinder mit Puppen oder Gegenständen spielen, reicht ein großes weißes Tisch- oder Betttuch, das in einen Rahmen gespannt ist. Soll Menschentheater gezeigt werden, kann man mehrere große Tücher zusammennähen. Sie haben an der oberen Seite einen breiteren Saum, durch den eine Wäscheleine gezogen wird. Die Enden der Leine werden an gegenüberliegenden Wänden befestigt. Es empfiehlt sich, Haken einzudübeln, weil an dem Seil doch ein ordentliches Gewicht hängt. Das Tuch hängt über dem Boden und wird dort mit einer Latte oder anderen Gewichten gespannt.

■ *Schattentheater mit Spielfiguren*

Kleinere Kinder werden Schwierigkeiten haben, komplizierte Handpuppen mit Gelenken zu führen. Das werden sie im Laufe der Zeit aber sicher herausfinden wollen. Wenn „die Großen" es „die Kleineren" zwischendurch mit ihren Puppen versuchen lassen, wird es auch Kleineren mehr und mehr gelingen.

Ein Nebeneffekt

Der schöne Nebeneffekt dabei ist: Die Älteren sind stolz, dass nicht nur sie etwas gelernt haben, sie selber können es weitergeben. Dann fällt es auch leichter, die wertvollen Puppen aus der Hand zu geben.

Ein Märchen, bei dem gut beide Arten von Handpuppen benutzt werden können, ist „Hans im Glück" (gesammelt von den Brüdern Grimm).

Das Märchen vom „Hans im Glück"

Hans hat sieben Jahre lang seinem Lehrmeister gedient. Er lässt sich auszahlen und macht sich auf den Weg nach Hause.
Seinen Lohn, den er erhalten hat,
einen Goldklumpen so groß wie sein Kopf,
tauscht er gegen ein Pferd ein,
das Pferd gegen eine Kuh,
die Kuh gegen ein Schwein,
das Schwein gegen einen Schleifstein,
und dieser fällt ihm in einen Brunnen.
Der immer Glückliche läuft zuletzt,
von allem befreit, in sein Heimatdorf,
zu seiner Mutter.

■ *Die Spielfiguren*

Sie werden aus Tonpapier hergestellt. Die einfacheren Figuren, wie z.B. die Gans, das Schwein, der Goldklumpen, der Schleifstein, der Brunnen, das Haus der Mutter werden auf Papier gemalt und an einem Stück ausgeschnitten. Die Figuren sind von der Seite zu sehen, die markantesten Kennzeichen wie z.B. der Kringelschwanz beim Schwein, der lange Hals der Gans sind besonders betont, so dass sie vom Zuschauer leicht erkannt werden können. An der Rückseite der Figuren ist mit Klebestreifen ein dünnes, ca. 30 cm langes Rundholz befestigt. Es verleiht ihnen den nötigen Halt und wird am unteren Ende vom Spieler umfasst und geführt.

Die Kuh, das Pferd, die Menschen können mit Gelenken versehen werden. Die Teile, die bewegt werden sollen, schneidet das Kind einzeln aus. Sie verbindet man mit Musterklammern an dem Körper. Am Ende des Gelenkes wird ebenfalls ein kleines Stöckchen befestigt, mit dessen Hilfe der Spieler die Figur beweglich macht. So können das Pferd den Schweif, die Kuh den Kopf, die Menschen ihre Arme bewegen und die Spielfiguren lebendiger machen. Die Menschen können mit besonderen Merkmalen ausgestattet werden, mit einem großen Hut, einer Hutfeder, einem Wuschelkopf, einem Hütestab, einer Flasche oder ähnlichem.

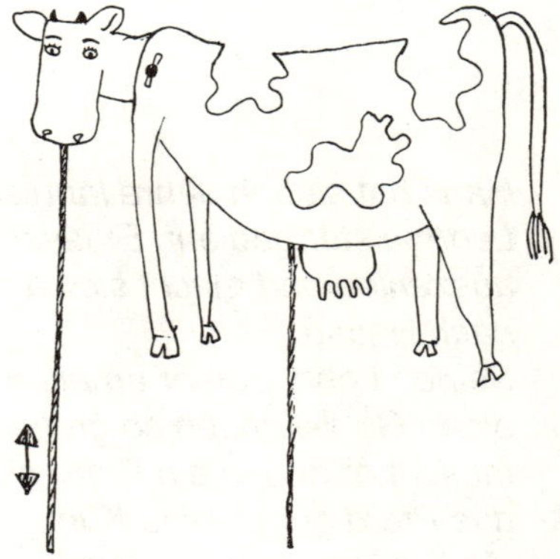

Die Proben

Bei den Proben werden die Kinder schnell merken, wie wichtig eine gute Koordination ist. Sie lernen beim Spielen so ganz nebenbei, aufeinander Rücksicht zu nehmen, denn nur so kann das Stück gut laufen. Derjenige, der seine Spielfigur nicht parat hat, hält das Spiel unnötig auf, also wird auch Ordnung halten zur wichtigen Sache. Im Gegensatz zum Kinderzimmeraufräumen wird es für die meisten Kinder zur Selbstverständlichkeit, ihre Requisiten zu ordnen, denn jeder ist wichtig und trägt dazu bei, dass das Spiel im Fluss bleibt. Da die Kinder ihre eigene Spielfigur und deren Wirkung nicht sehen, ist es eine große Hilfe, wenn zwei Kinder sich am Anfang zusammentun, eine Bewegung ihrer Figur ausprobieren und sie sich gegenseitig vorspielen. Das hat noch einen großen Vorteil: Wenn ein zweites Kind die Bewegungen und den Ablauf einer Spielpuppe kennt, kann es notfalls einspringen, falls der eigentliche Spieler bei der Vorführung wider Erwarten krank ist. Keiner gerät in Panik, erst recht nicht, wenn alle das von vornherein wissen und immer wieder zwischendurch auch den Part des Anderen spielen.

Die Kinder werden schnell herausfinden, dass die Spielfiguren langsam und bedächtig geführt werden. Das Tempo wird auch im Märchen beschrieben: Hans geht gemächlich durchs Leben, ohne große Hast. Am Anfang sind die Spieler aufgeregt, und diese Aufgeregtheit führt dazu, dass sie sich schnell bewegen, damit 'man es ja schnell hinter sich hat'. Das ist ziemlich normal und wird auch schnell abgelegt.

Der Spielleiter kann auch in die Übertreibung hereingehen und die Spielfigur in einem Blitztempo über die Bühne zischen lassen. Das finden Kinder schön albern und lernen ganz schnell, wie wichtig das richtige Tempo ist.

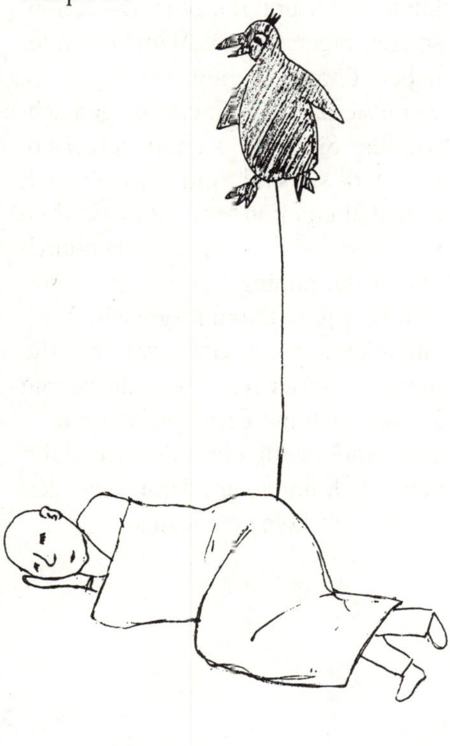

Ein kleines Ratespiel ist genauso erfolgreich: Die Spielfiguren werden blitzschnell von einem Ende der Leinwand zum anderen geführt. „Wer erkennt, wer da gerade vorbeigeflitzt ist?" Jetzt erfahren die Kinder nicht nur die Bedeutung des richtigen Tempos, sondern auch die Wichtigkeit markanter Merkmale. Die Kinder hocken unterhalb der Leinwand und führen die Spielfiguren von dort. So leicht diese Papierfiguren auch sein mögen, die Armmuskeln werden dabei ganz schön trainiert. Es ist ziemlich normal, dass Kinder an dieser Stelle leicht 'schlappmachen', die Figuren sacken immer tiefer und nur noch die Nasenspitzen ragen heraus. Manche Kinder haben Ehrgeiz genug. Da reicht es, wenn sie darauf aufmerksam gemacht werden: Sie wollen dann beweisen, wie stark sie sind, und dass sie auch durchhalten können. Aber andere brauchen mehr, also ist zwischendurch ein Krafttraining angesagt: Armdrücken! Jetzt können sie sich untereinander messen, oder, was für die meisten Kinder noch schöner ist: Sie können sich mit dem Spielleiter anlegen, und wenn der oder die dann auch noch unterliegt, dann schwellen die Armmuskeln geradezu an.

Hans macht sich frohen Mutes auf den Weg und freut sich nicht nur auf seine Mutter, er genießt das Leben und die Dinge, die er am Wegesrand sieht. Aber bald drückt ihn der Goldklumpen doch arg im Nacken. Sein Gang wird langsamer, er wird müde und seine Schritte schleppender.

Wie mag Hans zu Beginn seines Weges gegangen sein? Können die Kinder das nachmachen, ohne Puppe? Wie verändert sich denn der Gang, wenn so ein Goldklumpen drückt, der Durst einen quält? Spüren die Kinder, wie bei der Vorstellung allein die Kehle trockener wird? Merken sie, wie schwer die Beine werden?

Wenn sie das selber ausprobiert haben, können sie ihre Spielfigur nehmen, egal ob das nun Hans selber, die Gans oder die Kuh ist, und probieren damit die unterschiedlichen Bewegungen aus: frisch und munter, bedrückt, müde, neidisch (Wie geht eine neidische Kuh?), erschöpft. Und sie werden schnell merken, dass ihre Spielpuppen einen ganz anderen, viel lebendigeren Ausdruck bekommen.

Ein anderes Spiel kann ihnen noch helfen, die Stimmung in richtige Bewegung umzusetzen. Der Spielleiter denkt sich Bewegungen zu den einzelnen Personen oder Tieren aus und spielt sie den Kindern anfangs vor. Finden sie heraus, welche Person dargestellt wurde? War da der wohlwollende Meister zu sehen, der Hans für seine gute Arbeit belohnt, Hans, der sehnsüchtig zu dem Reiter auf dem hohen Ross aufschaut oder die Kuh, die gemächlich hinter dem Bauern herzottelt? Die meisten Kinder werden neugierig und wollen selber ausprobieren, eine Figur zu spielen. Das ist gut so: Sie merken beim Spiel, dass ein wenig Übertreibung die Bewegung deutlicher macht. Die Kinder, die es noch nicht wagen, lernen durch das Zuschauen, wie wichtig eine klare Aussage ist, damit der Zuschauer erkennen kann, wie sich der Dargestellte fühlt.

Oft ist es so, dass sich die Spieler in ihren Bewegungen angleichen, egal, ob sie auf der Bühne stehen oder eine Spielfigur führen. Je klarer sie sich in die Stimmung ihrer Spielfigur hineinversetzen können, je deutlicher wird auch deren Charakter zu erkennen sein. Die Spielhandlung wird abwechslungsreicher und spannender.

Die meisten Kinder haben ein phänomenales Gedächtnis und können sich besonders Märchen gut merken. Für diejenigen, die eine kleine Hilfe brauchen, um sich die richtige Reihenfolge zu merken, wird hinter der Bühne ein Plakat aufgehängt. Darauf malen sie die Tauschfolge in Symbolen: Gold und Pferd ist in der ersten Reihe zu sehen, Pferd und Kuh in der zweiten Reihe zu erkennen … Die Spielfiguren der dazugehörenden Personen können mit dem Kopierer kopiert und dazugeklebt werden.

Der Spielleiter kann das Märchen erzählen (oder vorlesen). Er erkennt, wann die Kinder Zeit brauchen und kann seine Erzählweise, die Pausen dem Spielverlauf anpassen. Eine passende Musik, leise im Hintergrund gespielt, kann die Atmosphäre noch unterstützen.

Die Vorführung

Das Stück wird hinter einem Tuch im Rahmen gespielt. An der linken, rechten und unteren Seite verdecken Vorhänge die Sicht auf die Spieler. Wichtig ist, dass der Rahmen fest hängt und die Spielfiguren ihren bestimmten Platz in der richtigen Reihenfolge haben. Das vermeidet Chaos und Unruhe hinter der Leinwand, die sich sonst unnötigerweise auf das Publikum übertragen würde. Am besten ist es, wenn jedes Kind nur eine Figur zu spielen hat, die es fest in der Hand hält. Die Kinder sitzen auf Stühlen, die in der Reihenfolge ihres Auftritts aufgestellt und mit einem Symbol, das jedes Kind für sich erkennt versehen sind.

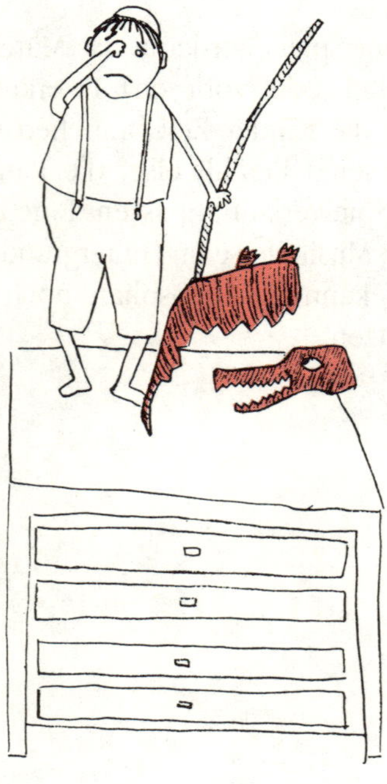

Nach seinem Spiel setzt sich jedes Kind wieder auf seinen Platz und bleibt dort sitzen, bis das Spiel vorüber ist. Das fällt einigen Kindern nicht leicht, denn die Neugier, wie das Spiel läuft und bei den Zuschauern ankommt, ist groß. Denn sie selber sehen sich ja nicht! Heute haben viele Familien ein Videokamera. Wenn die Kinder vor ihrem Auftritt das Gezeigte zu sehen bekommen, hilft es ihnen nicht nur, ihre berechtigte Neugier zu befriedigen. Gleichzeitig können sie ihre Spielführung überprüfen und notfalls ändern. Auch hier gilt wieder die bekannte Tatsache: Erkenntnis ist der erste Schritt zur Besserung. Es ist leichter, etwas einzusehen, was man selber sieht, als es von anderen gesagt zu bekommen.

Sollte bei der Vorführung eine Panne passieren, der Rahmen runterfallen, sich ein Vorhang lösen, ein Stab brechen o.ä. ereignen, gilt als oberste Regel: Ruhig bleiben, weiterspielen!

Gut und hilfreich ist ein katastrophenbewährter Erwachsener (in der Regel also eine ganz normale Mutter), der als hilfreicher Schutzengel mit hinter der Bühne steht, die Kinder beruhigt, aufmuntert und Kleinigkeiten repariert. Wenn er ein 'Erste-Hilfe-Köfferchen' für Schattenspieler dabei hat, in dem sich Tacker, Klebestreifen, Ersatzrundhölzer, Bindfaden und Schere befinden, dann wird er in der Regel auch den 'Notfall' meistern.

■ *Der Applaus*

Nicht nur ein gelungener Spielablauf ist für die Kinder wichtig, der Applaus der Zuschauer ist genauso bedeutend. Und sie haben ihn sich verdient. Also kann ein jeder Spieler (oder bei großen Gruppen zu zweit) vor die Leinwand treten und seinen Beifall abholen.

Auch daraus kann noch ein Spiel werden: Die einzelnen Kinder machen die typische Bewegung oder Gefühlsstimmung ihrer Figur vor, die Zuschauer erraten, wen sie gespielt haben. Das sollte allerdings vorher mit den Kindern einstudiert sein, denn vor Publikum zu spielen ist doch anders als hinter einer Leinwand.

■ *Menschentheater im Schattenspiel*

Noch mehr Spaß macht es den meisten Kindern, selber zu spielen. Es ist etwas schwieriger, aber wenn die Kinder genügend Zeit haben zum Ausprobieren, werden sie schnell feststellen, wie sie sich bewegen müssen, um die richtige Wirkung zu haben: Der richtige Abstand zur Leinwand ist wichtig, je dichter an der Leinwand gespielt wird, je kleiner und klarer sind die Konturen. Rückt der Spieler zurück, werden die Umrisse weicher, die Gestalt riesiger, was natürlich auch einen tollen Effekt geben kann.

Profil zu zeigen ist wirkungsvoller als frontal zu spielen. Das ist für viele Kinder erst einmal ungewohnt, aber wenn sie den Unterschied als Zuschauer sehen können, begreifen sie es in der Regel schnell. Manchem hilft es, ein Kreidekreuz auf den Fußboden zu malen, auf das sie sich dann, das Gesicht seitwärts gewandt, stellen. Wenn ein anderes Kind sich genau auf diesen Punkt stellt und die gleiche Position einnimmt, dann sind sie überzeugt. Wird das Kreuz einen Meter nach hinten verlegt und ein Kind nimmt dort Aufstellung, erkennen sie, wie sich Größe verändert.

Sein Aussehen zu verändern und dies noch mit einer passenden Haltung und einem entsprechenden Gang zu unterstreichen ist im Schattentheater deshalb so faszinierend, weil der Zuschauer nur die Schatten sieht und seine Fantasie gut mitarbeiten kann, um die Szene bunt werden zu lassen.

'Des Kaisers neue Kleider' von Hans-Christian Andersen eignet sich gut, Personen fantasievoll zu gestalten.

Der Kaiser, der darin beschrieben wird, hält mehr von der zur Schaustellung seiner Kleidung als von Sitzungen, er hatte für jede Stunde des Tages einen anderen Rock.

Allein das reizt ja schon zur Gestaltung. Die Kinder haben einen ganzen Berg alter Hüte, die sie mit Federn, Papierstreifen, Stoffstreifen umwickeln und gestalten können. Die Stoffe, es eignen sich besonders dünne Chiffonstoffe, alte Gardinen oder Tüll, werden mit Stecknadeln oder Sicherheitsnadeln an den Hüten befestigt. Strickjacken, Jackets, langärmelige Hemden oder T-Shirts der Eltern können auch wunderbar zu den malerischsten Kleidungsstücken umgewandelt werden. Vielleicht lassen sich die Ärmel mit Gummibändern raffen und mit Tüchern ausstopfen. Breite Gürtel oder Stoffstreifen um die Taille gebunden machen aus dem Jacket des Vaters ein majestätisches Gewand. Die Lächerlichkeit des Kaisers ob seines Putzfimmels kann noch durch Leggings unterstrichen werden. Die dünnen Beine unter dem dicken Oberteil lassen die Gestalt des Kaisers albern und aufgegockelt erscheinen.

Eines Tages kamen Betrüger in die Stadt, die vorgaben Stoffe weben zu können, die für jeden unsichtbar wären, der nicht für sein Amt tauge.

Wie könnten solche Aufschneider aussehen? Wer solche Ideen auskocht, tritt nicht bescheiden auf, eher das Gegenteil wird der Fall sein. Da sie ja mit ihrem Kopf solche Betrügereien aushecken, könnten ihre Köpfe besonders gestaltet werden, während die Gestalt selber schlicht bleibt. Die Haare wild toupiert, mit Haarspray zum Stehen gebracht und mit Strohhalmen bespickt – so könnte der eine aussehen. Der andere hat vielleicht alle Haare oben auf des Kopfes Mitte zusammengebunden. Ganz viele eng geflochtene Zöpfchen könnten wie Schlangen aus einem Korb herauskrabbeln.

Wer nicht so lange Haare hat, kann sich ein Tuch fest um den Kopf binden lassen, das oben fest zusammengefasst wird. Aus dem Knoten kommen viele Weingummischlangen heraus.

Der Kaiser, der sich eine Schlappe nicht eingestehen mag, schickt seinen alten ehrbaren Minister. Die Betrüger beschreiben den nicht vorhandenen Stoff in den schönsten Farben, doch der Minister kann nichts sehen. Er traut sich nicht, das zuzugeben, und stimmt in das Lobeslied der 'Weber' mit ein.

Wie könnte dieser Minister auftreten? Überzeugt er durch einen edlen Gang und eine aufrechte Haltung. Ist sie steif? Wie stellen ihn sich die Kinder vor? Können sie so einen Gang einmal vorführen? Wie ist es denn, wenn er zugeben muss, dass er den Stoff nicht sieht? Fallen dann seine Schultern zusammen oder macht er sich noch größer, um nicht 'das Gesicht zu verlieren'?

Der Minister kehrte zum Kaiser zurück und berichtet haargenau das, was er vorher von den falschen Webern gehört hatte. Die Betrüger verlangten danach noch mehr Geld und Gold für ihre Arbeit.

Wie könnte diese Gier dargestellt werden? Durch einen großen Sack, in den die Goldtaler hineinfliegen oder werden die Betrüger immer dicker, immer wohlbeleibter? Das kann mit Tüchern, bzw. Kissen unter der Kleidung geschehen. Immer, wenn die Minister beim Kaiser sind, können die Pausen genutzt werden, um die Betrüger noch etwas mehr auszustopfen.

Endlich geht auch der Kaiser zu den falschen Webern, um persönlich den hoch gelobten Stoff zu beäugen. Zu seinem Schreck sieht er nichts. Aber zugeben, das kann er auch nicht. Also gibt er vor, ihn zu sehen und macht den ganzen Firlefanz mit, den die Betrüger bei der Anprobe der ach, so kostbaren Robe veranstalten.

Hier kann Pantomime geübt werden. Haben die Kinder schon einmal so getan, als ob sie jemanden in die Kleider helfen? Aber vorher können sie sich erst einmal selber ausziehen, natürlich nur 'so tun als ob'. Erkennen die anderen, was das Kind auszieht: den Pullover, die Hose, die Schuhe?

Der Kaiser selber steht ganz nackt da, umgarnt von den Betrügern, die ihm Luft, nein, Kleidung anlegen, die so leicht wie Spinnweben ist. Der Kaiser tritt in die Menge, gefolgt von seinen Kammerherren, die die unsichtbare Schleppe tragen. Eine Menschenmenge erwartet sie, durch die sie erhobenen und stolzen Hauptes ziehen.

Hier könnten die Hüte zum Einsatz kommen, denn nicht nur der Kaiser zeigt sich in seinem teuersten Gewand, auch das Volk hat sich herausgeputzt. Zu sehen sind am unteren Leinwandrand all die Hüte, die die Kinder vorher dekoriert haben. Der Kaiser selber ragt mit seinem Oberkörper über die Menge und schreitet sie würdevoll ab, nicht einer will zugeben, dass er die Robe nicht sieht.

Nur ein Kind wagt den Mund aufzumachen. Es sagt ganz klar und deutlich: „Aber er hat ja gar nichts an!“ Und schnell flüstert einer dem anderen zu, was das Kind gesagt hat, bis schließlich das ganze Volk ruft: „Er hat ja gar nichts an!“

Wie könnten diese klaren Worte des Kindes gezeigt werden? Soll das Kind aus der Menge ragen, auf den Kaiser zeigen? Wird es dann schnell vom Vater zurückgezogen?

Oder werden die Hüte aufgeregter, tuscheln miteinander, bilden dann eine Gasse, rechts und links der Leinwand, so dass der nackte Kaiser in seiner ganzen Blöße zu sehen ist?

Der Kaiser, der sehr wohl wusste, dass sein Volk die Wahrheit sprach, hielt sich noch stolzer, und die Kammerherren gingen und trugen die Schleppe, die gar nicht da war.

Das Bild ist so lebendig beschrieben, dass die Darstellung dieser drei Gestalten ganz leicht fällt, oder?

Natürlich zeigen sich die Kinder nach der Aufführung in ihrer ganzen Pracht. Jedes einzelne Kind kann herausgehoben werden, indem es erst einzeln auf der Leinwand zu sehen ist und dann vor die Leinwand kommt. Die Zuschauer werden staunen, mit welch einfachen Mitteln solch wirkungsvolle Kostüme hergestellt sind.

Teil 4

Mit Schminke und Frisuren Bilderbücher darstellen

Von Masken und Menschen

Mit Schminke und Frisuren Bilderbücher darstellen

Von Masken und Menschen

So toll Schminken für Erwachsene ist, so schlimm ist es für viele Kinder im Kindergarten. Wundern braucht man sich darüber nicht, haben doch viele gerade mit Erfolg die Sauberkeitsphase hinter sich und sind stolz, für ihre Mamas sauber zu sein. Hinzu kommt, dass viele Eltern nicht gerade begeistert sind, wenn ihre Jüngsten bunt oder schmutzig nach Hause kommen, das gute Aussehen zählt manchen leider mehr als das Wohlbefinden des Kindes.

Das soll nur eine kleine Vorbereitung für die Spielleiter sein und sie vor Enttäuschungen bewahren, wenn ihre Kinder nicht mit großem Enthusiasmus auf das folgende Angebot reagieren mögen. Damit dies jedoch eine wunderbare Sinneserfahrung werden kann, müssen erst einmal die nötigen Voraussetzungen geschaffen werden. Zunächst ist ein Gespräch mit den Eltern wichtig. Es hilft den Eltern, wenn sie über das beabsichtigte Vorhaben informiert werden. Viele wissen heute auch, dass sie ihren Kindern in und nach der Sauberkeitsphase durch Malen mit Fingerfarbe, Matschen im Sandkasten helfen können, und so diese für Kinder schwierige Entwicklungsphase positiv zu unterstützen. Und das geschieht auch bei dieser Art des Theaters.

Das Gespräch mit den Eltern

Die Kinder werden ihre Haut, ihre Körpergrenzen auf eine ganz neue Art erleben. Sie gestalten ihre Haut, ihre Körpergrenze – eine wichtige Erfahrung für Kinder, denen doch in der Regel die Grenzen von Erwachsenen gesetzt werden, was ja auch gut ist. Auf der anderen Seite kann es auch sehr entspannend und vertrauensbildend sein, wenn andere dem Kind das Gesicht schminken oder die Haare stylen. Viele Kindergartenkinder haben Angst vor dem Frisör, auch das ist in dem Alter ziemlich normal. Bei dieser Aktion können sie ihr Haar mit Lust und Laune gestalten oder frisieren lassen, ohne das ihnen auch nur ein Härchen geraubt oder abgeschnitten wird.

Die eigene Haut erleben

Wer mutig ist, kann aus dem Elterngespräch einen Schminkabend machen. Dann braucht nicht nur über den Kopf etwas begriffen zu werden, die hautnahe Erfahrung überzeugt in der Regel mehr.

Eltern schminken …

Die Eltern werden gebeten, in einem alten Sweatshirt oder T-Shirt zu kommen. Jeder Erwachsene zieht zu Beginn des Abends einen Zettel, auf dem in roter Schrift eine Märchenfigur (Hexe, Prinzessin, 7 x Zwerg, Apfel, Kamm, Schnüre, Stiefmutter, Jäger, Prinz) steht. Auf anderen Zetteln sind in blauer Schrift Figuren aus einem anderen Märchen aufgeführt. Diejenigen, die rote Zettel gezogen haben, suchen sich einen Partner mit blauer Schrift und schminken ihm das Gesicht, die Hand, den Arm o.ä., oder gestalten ihm die Haare nach ihren Vorstellungen.

… das Gesicht

Dem „Apfel“ könnte das Gesicht rot und grün geschminkt werden, die Stirnfransen sind wie zu einem Apfelstiel zusammengedreht und mit Haarspray zum Stehen gebracht. Wem es unangenehm ist, sich das Gesicht schminken zu lassen, wählt einen anderen Körperteil. Hand und Arm des Jägers könnten zum Beispiel zu einem Gewehr umgeschminkt werden. Sind alle geschminkt, stellen sie sich zusammen und versu-

… oder einen anderen Körperteil

Welches Märchen?

chen herauszufinden, welchem Märchen sie entsprungen sind (ganz klar – Schneewittchen und die 7 Zwerge).

Anschließend schminken die 'Blauen' die 'Roten'. Wie war das für die Eltern? Nach anfänglicher Befangenheit konnten sie hoffentlich das Verwöhntwerden genießen. Auf jeden Fall wissen sie jetzt, was ihre Kinder erleben werden. Denn diese Übung kann auch gut mit Kindern gemacht werden. Und Märchen kennt jedes Kind (und jeder Erwachsene.)

Verwöhnt werden

Die Erwachsenen sind nach den eigenen Erfahrungen hoffentlich dem Ganzen schon positiver gegenüber eingestimmt. Und diese Haltung spüren auch die Kinder und werden demnach auch freier auf das Angebot reagieren. An den angekündigten 'Theatertagen' kommen die Kinder also mit alten Sachen, die auch schmutzig werden können, zum Kindergarten.

In alten Sachen

Das Spiel

Theater muss nicht nur auf einer richtigen Bühne gespielt werden, auch der Gruppenraum kann zur Bühne werden, wo sich Kinder während des Erzählens verwandeln. Diese Art von Mitspieltheater enthält auch viele Spielelemente.

Spiel ist für Kinder die natürlichste Beschäftigung, und wenn in dieses Spiel dann Schminkelemente eingebaut werden, geschieht das in einem ganz normalen Prozess. Der Ablauf ist bei den ersten Malen nicht unbedingt als 'fließend' zu bezeichnen, aber das kommt, wie alles, mit der Übung.

Am Beispiel des Klassikers 'Wo die wilden Kerle wohnen' von Maurice Sendak können verschiedene Einstiegsmöglichkeiten gezeigt werden. Der Text ist so eingänglich, dass der Spielleiter ihn schon nach sehr kurzer Zeit auswendig sagen kann. Erzählen ist in dieser Situation sicher lebendiger als Vorlesen. Die meisten Kinder kennen ohnehin das Buch schon auswendig, es in solch einer Form zu spielen, bietet ihnen einen ganz neuen Reiz. Der Spielleiter erzählt also die Geschichte und unterbricht, um sie mit den Kindern umzusetzen.

Die Geschichte:
In dem Bilderbuch wird beschrieben, wie Max, als er einmal seiner Mutter gegenüber ungehorsam und zu wild war, ohne Abendessen ins Bett geschickt wurde. In der Nacht wuchs ein Wald in seinem Zimmer. Und da war auch ein See und ein Segelboot, in das er stieg und davonsegelte, bis er in das Land kam, wo die wilden Kerle wohnten. Die begrüßten ihn mit fürchterlichem Augenrollen, Zähnefletschen und drohten mit ihren Krallen, aber Max zähmte sie, indem er ihnen furchtlos in die Augen schaute. So wurde er König der Wilden Kerle. Er blieb dort eine Weile, bis er Sehnsucht nach zu Hause bekam. Und obwohl die Wilden Kerle ihn zum Bleiben bewegen wollten, sagte er Nein, stieg in sein Boot und segelte wieder zurück bis in sein Zimmer, wo das Essen auf ihn wartete.

Sanft und behutsam geht es zu Beginn zu. Es wird nicht mit der Szene begonnen, in der Max seinen Wolfspelz trug, sondern als er in das Boot steigt und davonsegelt. Jeder malt sich seine Handinnenfläche mit Fingerfarbe an und beobachtet, wie die Farbe langsam in die Poren zieht, trocken wird. Jetzt steigt ein kleines

Max-Püppchen (Playmo, Lego o.ä.) in das Händeboot und segelt davon. Sanft schaukelt die Hand weiter, landet dann vorsichtig auf dem Strand (Tisch), das Männchen steigt aus. In der Zwischenzeit ist die Farbe auf der Haut so trocken, dass sie abblättert.

Wie fühlt sich die Farbe jetzt an im Unterschied zum Anfang. Kitzelt sie? Bis auf ein Kind waschen jetzt alle ihre Hände, beobachten, wie aus dem Boot mehr und mehr wieder ihre Hand zum Vorschein kommt. Aber jetzt wird zurückgeblickt. Warum ist Max denn überhaupt fortgesegelt? Das Wilde lockt. Da ist die alte Pelzjacke von der Oma, wenn die sich nicht bestens für den Wolfspelz eignet! In der Hutkiste ist eine Zottelfellmütze. Wer die aufzusetzen wagt, der kann so wild sein wie er will – Na, wer traut sich? Das Kind sieht noch zu harmlos aus. Hier sind Schminkstifte. Will es sich einen furchtbaren Schnauzer malen oder wie kann es sich sonst noch wilder aussehen lassen? Das reicht immer noch nicht – da fehlt noch ein Brüllen.

In der Geschichte wird es der Mutter zu viel – sie schickt Max in sein Zimmer.

Ein Kind, das die Mutter spielen möchte, geht für einen Moment in ein anderes Zimmer. Die anderen Kinder sitzen im Zimmer verteilt. Eines wird Max. Wird er von der 'Mutter' berührt, brüllen *alle* Kinder, nicht nur Max, so laut sie können. Werden die anderen Kinder berührt, bleiben alle ganz still. Dem Kind, das hereingebeten wird, erklärt man, dass manchmal einer Mutter die eigenen Kinder auf die Ner-

ven gehen, und sie ganz schön geladen werden können. Da reicht manchmal ein Ton, und die Mutter fährt erschrocken zusammen.

Oft geht es gut, das kann sie erfahren, wenn sie all ihre Mäxchen hier berührt. Aber manchmal fliegt ein Funke, das wird sie schon merken. Die 'Mutter' geht also durch den Raum und berührt nach Belieben die Kinder. Und es passiert nichts. Aber wehe, wenn sie Mäxchen erwischt. Der Schreck bei dem Gebrüll wird ihr in die Glieder fahren! Meistens ist es für Kinder gut, wenn noch ein anderes Kind mit draußen wartet und die gleiche Erfahrung macht wie die erste 'Mutter'. Für beide kann es beruhigend sein nach dem Schrecken, dass es dem anderen genauso erging.

Ab ins Bett geht es aber für Max! In der Nacht wuchs ein Wald in seinem Zimmer, der wuchs und wuchs …

Jedes Kind sucht sich einen Partner. Das kleinere Kind nimmt Schminkstifte und kann die Arme seines Partners jetzt mit Ästen, Blättern und Blüten versehen (das 'Boot-Kind' und Max können helfen oder zuschauen). Alle kleinen Kinder knien sich jetzt dicht nebeneinander auf den Boden, bilden so das Bett. Ein Betttuch wird darüber gebreitet.

Max legt sich der Länge nach auf ihre Rücken. Die knieenden Kinder können auch sanft hin und her schaukeln – wo steht geschrieben, dass Paul nicht ein Wasserbett hatte? Für Paul, der da so hart von seiner Mutter ins Bett geschickt wurde, kann das ja eigentlich nur tröstend sein.

Die geschminkten Kinder hocken sich neben das Bett und wachsen und wachsen, wobei sie ihre geschminkten Arme immer höher strecken.

Und plötzlich war da ein Boot …

Das Boot-Kind kommt angesegelt und gesellt sich zu Max. Alle Waldkinder umfassen das Betttuch am Rand und rollen es etwas auf, so wird der Rand fester und griffiger. Und schon sind sie das Boot. Sie heben Max auf und tragen ihn einmal durch das Zimmer, begleitet von dem Boot-Kind, bis sie in das Land kommen, wo die Wilden Kerle wohnen. Die großen Baum-Kinder können jetzt die kleinen Bett-Kinder schminken – so fürchterlich wie möglich.

Werden ihnen lange Zähne in die Mundwinkel oder unterhalb der Unterlippe gemalt? Werden sie kunterbunt geschminkt oder mit einer einzigen dunklen Farbe? Könnten die Augenbrauen nicht noch dicker sein, damit sie noch fürchterlicher aussehen? Hat der Wilde Kerl etwa noch ein drittes Auge auf der Stirn und der andere einen grünen Bart? Das wird ja immer fürchterlicher. Können sie, während sie geschminkt werden, auch schon das fürchterliche Augenrollen üben, oder müssen dann die Schminker zu arg lachen? Die Haare können natürlich auch gestaltet werden – mit viel Farbe und Haarspray werden die verrücktesten Frisuren entstehen. Gut toupiert und mit Haarlack versehen, können sie wunderbar zum Stehen gebracht werden.

Dünne Chiffontücher, Alufolie, Klarsichtfolie, Büroklammern, Wäscheklammern, Lametta, Wattebäuschchen, Strohhalme – alles, was leicht ist, eignet sich zur Verschönerung der Haare. Einige Wilde Kerle mögen vielleicht auch Glimmer- und Glitzer. Denn gerade, wenn Max zu ihrem König gekürt wird, machen sie sich sicherlich besonders fürchterlich festlich.

Vielleicht wollen die Kleinen sich beim ersten Mal allein schminken – das ist auch gut und wichtig. Dann schauen die Großen zu und geben vielleicht Tips und Hilfen. Bei einem weiteren Durchgang haben sie aber genauso viel Spaß, von einem anderen Kind geschminkt zu werden, auch wenn manche vor Neugierde platzen, was denn dabei wohl herauskommen mag. Andere Kinder liegen ganz entspannt und genießen das 'Betuddeln'. Die Fingernägel werden natürlich auch noch gestaltet. Mit Klebeband können kleine Strohhalmstücke, Lamettastreifen, Wattebäuschchen, eben alles, was auch in den Haaren stecken kann, festgemacht werden. Wer will, kann auch noch auf seine Zähne mit Mastix einen falschen langen Papierzahn kleben oder ihn mit Zahnschwärze 'wegzaubern'.

So, aber jetzt kommt Max angesegelt.

Begrüßt ihn mit einem fürchterlichen Augenrollen, zeigt mal eure langen Krallen und vor allen Dingen: Brüllt euer fürchterliches Brüllen!

Aber Max zähmt sie alle: Er schaut ganz furchtlos in ihre Augen und sie erkennen: Er ist ihr neuer König.

Wie können sie ihn denn zeigen lassen, dass sie ihn zum König machen? Schaffen sie es gemeinsam, ihn hochzuheben und einmal durch den Raum zu tragen?

Und dann machen sie Krach.

Jetzt geht's erst richtig los. Die Tische und Stühle werden jetzt mit einbezogen. Es geht über Tische und Bänke und der Krach wird keineswegs leiser, wer denkt denn so etwas!

Bis Max sie ohne Essen ins Bett schickte. Er bekam Sehnsucht und wollte nach Hause. Aber die Wilden Kerle wollten ihn nicht gehen lassen und brüllten nochmals ihr fürchterliches Brüllen. Aber Max sagte 'Nein', stieg in das Boot und segelte wieder nach Hause.

Da kommt das kleine Segelboothändchen wieder angesegelt. Die Waldkinder packen wieder das Betttuch: Max steigt ein und segelt so an der Seite des kleinen Bootes nach Hause

in sein Zimmer, wo das Essen auf ihn wartet, und es ist noch ganz warm.

Das ist doch ein wunderbares Ende! Das Kind erfährt, dass es seinen aggressiven Regungen nicht ausgeliefert ist, sondern sie beherrschen lernen kann. Und nicht nur das: Seine Mutter akzeptiert ihn auch so, ist weiterhin für ihn da, wird ihm weiter zur Seite stehen.

Alle Kinder malen sich in ihre Handinnenfläche etwas zu essen, das, was sie gerne von ihrer Mutter bekommen würden: Keks, Apfel, Bonbon, Pommes, Schokoladenpudding, Pizza, Popcorn. Wenn alle fertig sind, deckt der Spielleiter den Tisch. Er breitet ein Tischtuch über einen großen Karton und stellt ihn in die Mitte des Raumes. Alle Kinder kommen herbei und legen ihre Hände aufeinander: Der Tisch ist reich gedeckt.

Aber jetzt kommt zum Schluss noch ein besonderer Zaubertrick! Der Spielleiter zieht das Tischtuch fort, und unter dem Tuch erscheint ein Teller mit Keksen! Wie das geht? Der Spielleiter hat vor Beginn des Stückes mit einem Messer ein Loch in den Karton gesägt. Es ist so groß, dass eine Schüssel mit Keksen genau hineinpasst. Der Rand der Schüssel verhindert ein Durchrutschen.

Der Karton kann schon von Anfang an, fertig mit dem Tischtuch bedeckt, in einer Ecke des Zimmers warten. Spannender ist es natürlich, wenn der Spielleiter das vor den Augen der Kinder macht. Dann liegt das Tischtuch ganz natürlich zusammengefaltet auf der Öffnung. Der Karton steht etwas erhöht auf einem Tisch (‘er steht dort oben, damit er die Kinder nicht behindert und im Spiel stört’), so dass die Kinder nicht die obere Fläche sehen.

Der Spielleiter nimmt dann ‘ganz normal’ das Tuch von dem Karton, öffnet es und breitet es über den Karton. Dieser wird vom Tisch gehoben, ‘schwebt’ in die Mitte des Raumes, wo dann die oben beschriebene Szene gespielt wird. Das ist doch ein gelungenes Ende nach so einem Abenteuer, oder?!

Eine besondere Schminkaktion

Wer eine besondere Schminkaktion veranstalten will, deren Pracht zwar nicht lange hält, aber sehr süß ist, dem wird das Folgende gefallen: Den Kindern wird vorher erklärt, was sie erwartet, d.h. es werden nur Kinder, die sich freiwillig melden, so wie gleich beschrieben geschminkt. Die Haare der Kinder werden mit einem Tuch (Turban) bedeckt. Das dient nicht nur dem Schutz der Haare, sondern wirkt hinterher mit der Maske auch mehr.

Aber jetzt zu der Aktion: Ein Kind legt sich bequem auf den Boden, zwei andere hocken sich zu ihm. Neben ihnen steht eine Schüssel mit Zuckerguss, und eine Schüssel mit lauwarmer (vorher probieren!) Schokoladencreme.

Desweiteren stehen dort noch weitere Gefäße mit silbernen Zuckerperlen, bunten Liebesperlen, Zuckerstreuseln, Schokostreuseln, Dekozucker, Zuckerschriftstiften und Weingummischnüren bereit.

Die Kinder pinseln das Gesicht des liegenden Kindes mit dem Guss dick ein und können es dann nach Belieben verzieren: Sie bestreuen vielleicht das ganze Gesicht mit silbernen Perlen, drücken sie dann ganz sanft in den Guss. Oder sie verzieren es mit bunten 'Schnüren' aus dem Zuckerschriftstift. Die dürfen allerdings nur mit nassen Fingern angedrückt werden, weil sie sonst am Finger kleben bleiben und sich abziehen.

Wie sieht denn ein braunes Schokoladenstreuselgesicht mit einer bunten Zuckerstreuselnase aus? Die Kinder bleiben eine Weile liegen, bis der Zuckerguss getrocknet ist. Während sie auf dem Boden liegen, kann der Spielleiter schon die ersten Fotos machen. Ist der Zucker- oder Schokoladenguss einigermaßen getrocknet, kann sich das Kind aufrichten und wird dann noch einmal fotografiert. Diese Fotos können dann bei einem Elternabend ausgestellt werden. Ob die Eltern ihre Sprösslinge jetzt auch noch erkennen?

Diese Aktion eignet sich nicht so sehr zum Spiel, es sei denn, man akzeptiert, dass die Perlen nach einer Weile herunterkullern. Aber sie würde sich hervorragend eignen zur Darstellung des Hexenhauses in der Hänsel-und-Gretel-Geschichte. Da möchte man doch sofort Hänsel oder Gretel spielen und sie anknabbern, oder? Hoffentlich kommt jetzt nur nicht der Ausspruch: Mit Lebensmitteln spielt man nicht!

■ *Noch ein Tip!*

Die Kinder sehen sich ja nicht unbedingt bei ihrer Schminkaktion, es sei denn, der Spielleiter kann genügend Spiegel bereitstellen. Für die Kinder (und auch für die interessierten Eltern) ist es bestimmt toll, wenn während der ganzen Aktion Fotos gemacht werden. Am besten wäre es natürlich, wenn von jedem Kind ein Starfoto gemacht werden könnte. Es wird sich bestimmt ein Erwachsener finden, der dieses Theaterstück verfolgen möchte und die Fotos machen kann.

Der Spielleiter kann sich so voll auf seine Erzähl- und Animateurrolle konzentrieren.

Wenn diese Bilder dann an einem Elternabend ausgestellt werden und alle die Begeisterung der Kinder auf den Fotos sehen, werden sie um so glücklicher sein, dass sie diese Art des Theaters unterstützt haben.

Teil 5

Im Schwarzlicht Geschichten erleben

Von Lichtern und Geräuschen

Im Schwarzlicht Geschichten erleben

Von Lichtern und Geräuschen

Voraussetzung für Schwarzlichttheater ist ein verdunkelbarer Raum. Wer diese Bedingungen nicht hat, kann sich damit behelfen, die Fenster mit schwarzer Teichfolie (schwarzen Müllsäcken) und Klebeband zu verdunkeln. (Vorsicht bei Holzrahmen, die Farbe könnte abblättern!)

Als Vorhänge genügen Betttücher, die in der Waschmaschine schwarz eingefärbt werden. Diese werden dann mit Wäscheklammern auf eine Wäscheleine im Raum aufgehängt. Gebraucht werden eine Rück- und zwei Seitenwände. Für den Boden eignen sich die Tücher nicht, sie sind zu rutschig. Besser ist schwarzer Filz, weil der gut dämmt und die Füße warm hält. Aber vielleicht hat ja auch jemand ein Stück Teppich, dessen Gummirückseite mit schwarzer Farbe angestrichen wird, die in die Poren einzieht, aber nicht abblättert.

… aber schwarz muss er sein

Die Kleidung

Die meisten Mütter haben eine schwarze Leggings und schwarze Sweatshirts, die sich wunderbar als Kostüme eignen. Was zu lang ist, wird umgekrempelt. Ein zusammengeknotetes Gummiband um den Arm geschlungen hält den zu langen Ärmel zurück. Statt schwarzer Handschuhe können auch schwarze Socken benutzt werden, die wie Fausthandschuhe die Hände bedecken. Wie damit die Requisiten gehalten werden können, haben Kinder in der Regel sehr schnell herausgefunden.

Die Kapuzen sehen wie Anorakkapuzen aus, haben vor dem Gesicht einen Schleier aus schwarzem Gaze. Sie können aus den gleichen Bettlaken genäht werden wie die Vorhänge.

Die Beleuchtung

Das Einzige, was jetzt noch gekauft werden muss, ist eine Schwarzlichtröhre, die es in einem guten Lichtgeschäft gibt.

Als Requisiten eignen sich alle alten weißen T-Shirts, Leggings, Stoffe, die mit optischen Aufhellern versehen sind und ausrangiert werden wollen.

Das Besondere an dieser Theaterform ist auch, dass Kinder, die sich gerne bewegen und auch mal ungewöhnlichere, akrobatische Sachen ausprobieren wollen, voll auf die Kosten kommen. Welches Kind träumt nicht davon, mal fliegen zu können, und hier kann es dieses Gefühl erleben.

Viele Möglichkeiten dafür bietet das *Bilderbuch*

„Du schaffst das schon, Josefine“.

Hans Wilhelm hat es geschrieben, und es ist im Carlsen Verlag erschienen. Darin wird von einem kleinen Pinguinmädchen erzählt, das mit seinen Freunden und mit großer Begeisterung Sachen ausprobiert, die ein „normales“ Pinguinkind nicht unbedingt macht: Es boxt, spielt Federball, lernt Wasserski fahren und fliegt eines Tages mit den Möwen sogar durch die Lüfte.

Das Pinguinmädchen …

Dem Vater wird es zu viel. Er will, dass seine Tochter wie alle anderen Mädchen in die Ballettschule geht. Dort allerdings kommt sich Josefine wie ein Versager vor, weil sie es nicht schafft, wie ein Schmetterling oder eine Ente zu tanzen. Zum Glück trösten und unterstützen ihre alten Freunde sie, und sie bekommt neuen Mut. Und nicht nur sie schafft es dann doch, wie ein Pinguin zu tanzen: Auch ihre alten Freunde lernen den Tanz und werden begeisterte Tänzer. „Außer dem Walross. Das fand sein Ballettröckchen doch ein bisschen lächerlich.“

… beginnt zu tanzen

Die erste Aufgabe:

■ *Gestaltung des Pinguins*

Er könnte ganz spärlich mit den markanten Kennzeichen des Pinguins ausgestattet werden: Schnabel, Flossen und Pillefüße werden mit fluoreszierender Pappe an ein schwarzes Kostüm genäht oder mit Sicherheitsnadeln angeheftet. Im UV-Licht sind dann nur diese Dinge zu sehen, den Rest ergänzt die Fantasie der Zuschauer. Ebenso gut könnte er mit weißen T-Shirts und Leggings und einem alten Frack ausgestattet sein. Die Frackschöße werden dann mit weißen Wollfaden umheftet.

Schnabel, Flossen, Pillefüße

Die zweite Aufgabe:

■ *Die Fortbewegung des Pinguins*

Auf die Bühne kommen, eine Bewegung zum Publikum ausführen (winken, Kusshand werfen, mit dem Popo wackeln, sich beleidigt oder schüchtern wegdrehen ...) und dann wieder von der Bühne abgehen –

Kusshand und Popowackeln

Welcher Typ?

das ist die Aufgabe. Wichtig ist hierbei, dass sie sich schon vorher Gedanken machen, was für ein Typ ihr Pinguin sein wird: schüchtern, draufgängerisch, verspielt, ängstlich, forsch, aggressiv, fröhlich, transusig, verträumt, wütend, zickig … Je mehr sie sich in ihren Typen versetzen, um so besser wird es ihnen gelingen, den Charakter darzustellen. *Die Aufgabe der Zuschauer* ist es, genau hinzuschauen und herauszuspüren, welcher Typ dargestellt wird.

Die dritte Aufgabe:

■ ***Laufen über einige schwierige Bodenbeschaffenheiten***

Über Hindernisse

Jetzt wird es noch schwieriger. Auf der Bühne werden Hindernisse aufgebaut: Ein schwarzes Brett wird mit einem Ende auf eine schwarze Kiste (Kiste mit schwarzem Tuch bedeckt) gelegt. Schaffen es die Pinguine auch hier hoch zu watscheln? Und geht es auch abwärts, im Rückwärtsgang?

Zwei Kisten werden mit einem schwarzen Brett verbunden. Jetzt können sie probieren, darüber zu balancieren. Das klingt einfach, aber im Schwarzlicht ist das eine Kunst.

Josefine hat jede Menge Freunde, mit denen sie die tollsten Sachen ausprobiert. Da sind die Schneehasen, der Seehund, der Tintenfisch, das Walross, der Eisbär, Möwen und der Delfin. Und es ist vollkommen wurscht, ob diese Tiere tatsächlich am Südpol wohnen oder nicht, es sind ihre Freunde, das ist wichtig.

■ *Die Aufgabe für die Kinder*

Wie könnte man diese Tiere gestalten? Diesmal sollten sie ganz zu sehen sein! Der Gestaltung ist natürlich keine Grenze gesetzt, hier sind nur einige Gestaltungsmöglichkeiten:

☐ *Die Schneehasen* könnten fluoreszierende Muckeltiere sein. Ob sie nun Hasen darstellen oder nicht, ist nicht unbedingt wichtig. Die Bewegung der Tiere, das charakteristische Hüpfen macht jedem Zuschauer klar, dass es sich hier um Hasen handelt.

☐ *Der Seehund* mit seinen Schwanzflossen könnte mit einem schmalen Trikotsack dargestellt werden, in den ein Kind schlüpft. Das Schwanzende wird zusammengebunden, die Armflossen ebenfalls, so dass das Kind etwas damit paddeln kann. Nur der Kopf schaut etwas heraus. Die Haare des Kindes können noch wie eine Kapuze mit dem Stoff bedeckt werden. Wenn das Gesicht im Schwarzlicht nicht ganz zu erkennen ist, ist das für diesen Zweck nur gut. Wie können die Schnauzhaare befestigt werden?

☐ *Der Tintenfisch* könnte mit Stoffstreifen dargestellt werden. Das Besondere sind seine vielen Arme, die ihn sofort kenntlich machen.

☐ *Das Walross* ist dick! Seine langen Hauer und seine Schnauzhaare sind prägende Merkmale. Ob ein Kind sich dafür dicke Kissen um seinen Bauch schnallen will und in einen Stoffsack schlüpft?

☐ *Der Eisbär* mit seinem dicken Fell und seinem tapsigen Gang könnte mit einem Anstreicheroverall dargestellt werden. Die runden Ohren werden an die Kapuze genäht, der kleine Stummelschwanz hinten am Po.

☐ *Die Möwen* können aus Schaumstoff hergestellt werden, der weiß und blaufluoreszierend angemalt wird. Angenähte Schlaufen helfen den Kindern, die Vögel zu führen.

☐ *Der Delfin* kann aus Pappe gebastelt werden. Er wird fluoreszierendblau angemalt. Die Rückseite wird mit einem Pappgriff versehen, an denen das Kind den Delfin bequem führen kann.

Die Sportarten, die Josefine mit ihren Freunden probiert, werden mit Aufwärmübungen eingeführt. Beim Molekülspiel können sie leicht abgeändert ausprobiert werden.

Das Molekülspiel ist bekannt: Alle rennen durch den Raum, wird eine Zahl aufgerufen, kommen die Spieler zusammen, bei 2 – zu zweit , bei 3 – zu dritt, bei 5 – zu fünft ... Wenn sie Partner gefunden haben, probieren sie wie Josefine neue Sportarten aus:

☐ zu dritt: *Schlittschuh laufen* – die beiden äußeren Kinder nehmen das mittlere Kind auf die Arme, während es versucht, pantomimisch Schlittschuh zu laufen.

☐ zu zweit: *Auf dem Rücken eines Eisberges herunterrutschen* – einer stellt sich auf einen Tisch oder stabilen Stuhl und rutscht von dort dem anderen irgendwie den Rücken runter.

☐ zu zweit: *Auf der Nase tanzen* - der eine legt sich auf dem Rücken auf den Boden und streckt seine Füße senkrecht in die Luft, der andere legt sich mit dem Bauch auf die Fußsohlen und versucht waagerecht die Balance zu halten.

☐ Alle, in zwei Gruppen: *Federball* – Ein Socken wird mit einem anderen ausgestopft. Die Spieler stehen sich in zwei Gruppen gegenüber. Die Socke wird mit der flachen Hand zur gegenüberstehenden Mannschaft befördert, die ihn dann auf gleicher Art zurückschafft. Fällt er beim Gegner auf den Boden, erhält die eigene Mannschaft einen Punkt und umgekehrt. Gespielt wird bis die erste Gruppe 10 Punkte erreicht.

- zu zweit: *Klapsen* – jeder versucht dem anderen einen Poklaps zu geben, ohne selber einen zu bekommen.
- zu zweit: *Wettrennen* – der eine nimmt den anderen auf den Rücken, alle stellen sich nebeneinander auf und laufen um die Wette zu einem vorher ausgemachten Ziel.
- zu viert: *Wasserski* – der erste Spieler steht, mit seinen Armen auf dem Rücken, zwei stehen gebückt nebeneinander und umfassen die Arme des Ersten. Der Vierte kniet sich erst auf die Rücken der beiden, später stellt er sich darauf und hält sich an den Schultern des Ersten fest.
- zu dritt: *Fliegen* – zwei tragen den Dritten irgendwie durch den Raum.
- alle: *Über die Scholle gehen* – Jeder Spieler nimmt sich einen Stuhl und stellt sich darauf. Die Stühle sollten ziemlich dicht aneinander stehen. Dann werden zwei Stühle weggenommen, die beiden Spieler sehen zu, dass sie mit auf den anderen Stühlen Halt finden. Die ganze Gruppe versucht jetzt geschlossen, von einem Ende des Raumes bis zum anderen zu gelangen.

Die Aufgabe für die Gruppen

Wie kann eine dieser Sportarten im Schwarzlicht in Szene gesetzt werden? Das braucht keine lange Szene zu werden! Oben wurde ja schon Auftritt – Präsentation – Abgang geübt. Jetzt kommt noch die Bewegung mit einem Gerät oder die Koordination mit einem Partner hinzu, zum Beispiel:

Schlittschuh laufen – Zu sehen ist ein Schlittschuhläufer, der ganz gewagte Bewegungen ausführt: Er schwingt ein Bein in die Luft, kippt nach hinten und fällt trotzdem nicht hin. Sein Po ist schon dem Boden gefährlich nah und trotzdem gleitet er weiter. Jetzt kann er sogar auf einem Bein rückwärts laufen!

Der Trick: Ein starkes Kind oder ein Erwachsener (schwarz gekleidet) umfasst das Pinguinmädchen unter den Achseln. Es ist ja selber ganz schwarz, so sind die Arme nicht zu sehen (oder sie werden unter das T-Shirt geschoben). So kann der Schlittschuhläufer nach hinten fallen und weiterfahren, ohne den Boden zu berühren.

Beim Rückwärtslauf wird er einfach nach hinten gezogen. Die Schlittschuhe können auch fluoreszierende Rollschuhe sein. Sie werden an den Seiten mit fluoreszierenden Papierkufen beklebt und können so gleiten (in Wirklichkeit rollen sie natürlich).

Eisberg rutschen – Zu sehen ist das Pinguinmädchen, das einen Berg hinunterrutscht und ins Meer eintaucht.

Der Trick: Das Kind rutscht eine schwarze Planke herunter und verschwindet hinter einem schwarzen Vorhang. Die Planke liegt auf einem Tisch auf, an der Seite ist ein weißes breiteres Band angetackert, das den Eisberg darstellt. An dem schwarzen Tuch ist ebenfalls ein weißes Band befestigt, das das Meer verkörpert.

Nasentanz – Zu sehen ist das Pinguinmädchen, das dem Seelöwen mit seinem Schnabel auf dessen Schnauze steht.

Der Trick: Ein schwarzgekleideter Erwachsener steht auf einem schwarzen Hocker und hält das Kind, das den Pinguin darstellt, fest um die Beine gefasst. Das Kind hängt mit dem Kopf nach unten und kann so die Schnauze des Seelöwen berühren.

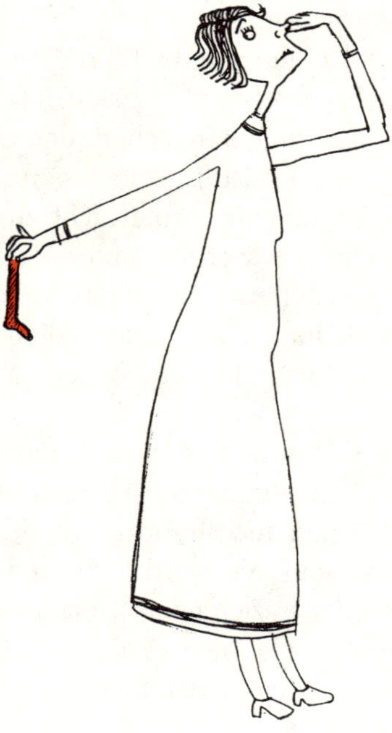

Federball – Zu sehen ist ein Ball, der erst ganz langsam hin- und herfliegt, plötzlich in der Luft stehenbleibt, um kurz darauf ganz schnell hin- und her zu titschen.

Der Trick: Der Ball steckt zunächst auf einem schwarzen Stab und wird von einem schwarzgekleideten Kind geführt, so kann er auch in der Luft stehenbleiben. Durch den Ball ist ebenfalls ein schwarzes Gummiband gezogen, das das Kind die ganze Zeit über um seine Hand gebunden hält. Wenn der Stab herausgezogen wird, kann es den Ball auf und ab, oder seitwärts hin und her dupsen lassen, bevor er ganz verschwindet (unter den Pullover stecken).

Boxen – Zu sehen ist das Pinguinmädchen mit großen Boxhandschuhen, wie es das Walross k.o. schlägt. Dieses kippt um, bleibt aber im Fall in der Luft liegen.

Der Trick: Das Kind, das das Walross spielt, macht sich ganz steif und kippt nach hinten weg. Hinter ihm steht ein schwarzgekleidetes starkes

Kind oder ein Erwachsener, das vor sich ein schwarzes senkrecht stehendes Brett hält. Das Walross kippt nach hinten gegen das Brett und wird dann von dem starken Kind oder dem Erwachsenen langsam und vorsichtig nach unten geführt. Es bleibt auf halber Höhe in der Luft stehen und wird dann wieder senkrecht aufgerichtet.

Übers Eis rennen – Zu sehen ist Josefine auf den Schultern des Eisbären. Sie rennen über das Eis. Das Pinguinmädchen springt hoch, der Eisbär läuft weiter und merkt gar nicht, dass Josefine nicht mehr auf seinem Rücken ist. Josefine bleibt in der Luft stehen, strampelt wie im Trickfilm mit den Füßen, pfeift dabei nach dem Eisbären. Der kommt zurück, holt sie ab und beide rennen vergnügt weiter.

Der Trick: Ein Erwachsener schnappt sich Josefine und hält sie in der Luft, während sie mit ihren Füßen strampelt.

Wasserski – Zu sehen ist der Delfin, der das Pinguinmädchen auf einer Eisscholle hinter sich herzieht.

Der Trick: Josefine steht auf einem Skateboard (oder einem anderen breiten Rollbrett), auf dessen Rand ein weißer Papierstreifen geklebt ist, das die Eisscholle darstellt. Der Delfin ist aus Pappe gebastelt, wird mit blau-fluoreszierender Farbe angemalt. Auf der Rückseite der Pappe ist ein Griff getackert, an dem er bequem von einem Kind geführt werden kann und so durch das Wasser (ein weißer Wollfaden quer über die Bühne gespannt) gleiten kann.

Fliegen – Zu sehen ist Josefine, die von zwei Möwen gehalten durch die Luft fliegt. Zwischendurch lassen die Möwen sie kurz los. Josefine fällt, wird gleich darauf wieder von den Möwen gepackt und heil zum Boden zurückgebracht, wo sie aufsteht und glücklich auf die Eltern zuwatschelt.

Der Trick: Josefine liegt auf einem Brett und wird von zwei Erwachsenen (das ist selbst für starke Kinder zu schwer) in die Luft gehoben. Die Möwen werden von zwei schwarzgekleideten Kindern geführt. Das 'Abstürzen' geschieht, indem die Erwachsenen das Brett ganz kurz runterdrücken, um es dann wieder ruhig zu halten. Besonders das Letzte muss gut mit dem Kind geübt werden.

Bei all den Übungen kann man schon beim Lesen erkennen, dass die Zusammenarbeit gut koordiniert werden muss, und das geschieht am besten, wenn es bei normalem Tageslicht so lange geprobt wird, bis die Griffe sicher sitzen.

Der Vorteil ist, dass durch die zum Teil schwierigen Übungen die Kinder merken, wie gut es tut, sich auf den Partner, ob Kind oder Erwachsener verlassen zu können. Sie fördert sehr stark das Vertrauen untereinander.

Josefine kommt in Mme. Pinguinovas Ballettschule und versucht mit den anderen Pinguinkindern die unterschiedlichsten Tänze aus, woran sie schier verzweifelt. Zuerst soll sie den Schmetterlingstanz lernen „Stellt Euch vor, ein Schmetterling zu sein und von Blume zu Blume zu flattern“, sagt die Ballettlehrerin zu ihren Schülern.

■ *Die Aufgabe der Kinder*

Sie sollen den Tanz der Schmetterlinge mit einem Requisit ausführen, z.B. mit hauchdünnen Chiffontüchern.

Etwas ganz Entscheidenes werden die Kinder hierbei erfahren: Wenn sie diese Leichtigkeit in sich spüren, dann werden die Tücher auch wie Schmetterlinge leicht und sanft durch die Lüfte schweben. Das Gefühl wird dann durch ihren Körper, durch Arme und Hände in die Tücher übergehen und es ausstrahlen. Andernfalls werden sie nur auf und ab flattern und nach kurzer Zeit schon langweilig wirken.

Der Ententanz steht am nächsten Tag auf dem Programm. Josefine kommt sich wie eine ziemlich plumpe Ente vor. Das Schwere, Tollpatschige könnte vielleicht mit kleinen Gymnastikreifen, die mit Stoff umspannt sind, dargestellt werden. Wie geht eine watschelnde Ente? Auch hier ist es wichtig, sich voll in die Tollpatschigkeit hineinzuversetzen, damit das auch 'rüberkommt'.

Am dritten Tag wird der Blumentanz gelernt, aber Josefine kommt sich dabei eher wie ein verwelkendes Unkraut vor.

Könnten sich Federboas dazu eignen, die Schönheit der Blume zu zeigen, die langsam erblüht und sich dann in ihrer vollen Pracht zeigt? Da wird in der Karnevalskiste sicher etwas Passendes zu finden sein.

■ *Die nächste Aufgabe für die Kinder*

Josefine ist ja von Tag zu Tag mehr verzweifelt. Ist sie enttäuscht, wütend, in 'Scheiß egal'-Stimmung, verletzt, verzagt? Es gibt vielerlei Ausdrucksarten, mit einer Enttäuschung umzugehen. Wie fühlen sich die Kinder, wenn ihnen etwas nicht gelingt. Die Kinder hören unterschiedliche Musikarten, (Klassik, Pop, Erwachsenen- oder Kinderlieder ...). Ist eine Musik dabei, die dieses Gefühl gut ausdrückt? Wie verändert sich denn die Körperhaltung, wenn einem etwas nicht gelingt? Was passiert mit den Schultern, mit den Armen, mit der Atmung? Geht doch mal ganz wütend, ganz geknickt, ganz traurig ...

Und jetzt watschelt Josefine daher. Mit welcher Musik geschieht das?

Josefine hat Angst, dass ihre Freunde sie auslachen werden. Sie setzt sich auf einen Eisklumpen und weint laut vor sich hin. Aber was passiert? All ihre Freunde kommen und trösten sie, machen ihr Mut, reden ihr gut zu, nicht aufzugeben, es weiter zu probieren. Sie sind davon überzeugt, dass es Josefine schafft.

■ *Die Aufgabe der Kinder*

Jeder tröstet anders und reagiert auch anders auf Tröstungsversuche. Ein Kind ist Josefine. Es sitzt allein auf einem Hocker und weint. Einzeln kommen jetzt die Freunde und trösten sie.

Das geschieht aber nicht mit Worten, sondern nur mit Geräuschen. So schwer sich Erwachsene oft mit dieser Übung tun, die meisten Kinder sind darin Weltmeister, gerade die, die oft Schwierigkeiten haben, sich zu verbalisieren.

Jeder überlegt sich jetzt, wie er Josefine trösten kann: Versucht er sie abzulenken, kuschelt er sich an sie, nimmt er sie in den Arm, versucht er, sie zum Lachen zu bringen …? Und welches Geräusch passt dazu? Wird Josefines Schluchzen nachgemacht? Und wie reagiert sie jetzt darauf? Schubst sie den Tröster weg, klammert sie sich an ihn, dreht sie sich beleidigt weg? Lässt sie sich ablenken und kann sie sogar über jemanden lachen. Wie fühlt sie sich hinterher?

Das ist eine wunderbare Übung, Kinder in ihrer Ausdrucksvielfalt zu erleben. Ganz leicht ist die Aufgabe für Josefine nicht, aber Improvisationsfähigkeit wird dabei auf jeden Fall gefördert und wenn es in kleinen Schritten geht. Die Erwachsenen können dabei eine Hilfe sein, indem sie die Gefühle mit bezeichnen helfen, wenn das Kind Schwierigkeiten damit haben sollte.

Und Josefine fasst neuen Mut. Sie weiß nicht, ob sie es schaffen wird, aber sie fühlt sich wenigstens ein bisschen besser. Am nächsten Tag üben sie den Schneehasentanz. Und wie Schneehasen hüpfen, das weiß Josephine ganz genau. Sie macht ihre Sache so gut, dass alle, selbst die Lehrerin vor Begeisterung mitmachen.

■ *Aufwärmphase*

Das Spiel 'Follow the leader' ist eine wunderbare Vorbereitung zur Einübung dieser Szene. Die Gruppe steht im Kreis. Der Erste zeigt den anderen seine Lieblingsübung, z.B. auf der Stelle rennen, Schulter rollen, Kniebeugen …, alle anderen machen sie nach. Dann übernimmt der Zweite, zeigt die Übung, die er gerne macht, z.B. Popo wackeln, auf einem Bein stehen, Kinn bis an den Brustkorb drücken …, und alle anderen machen es ebenso. So wird die Reihe fortgesetzt, bis jeder seine Sache gezeigt hat.

Die Aufgabe für die Kinder

Denkt Euch einen Schneehasentanz aus. Dabei soll deutlich zu sehen sein, wer Josefine ist. Die anderen machen ihre Bewegungen mit großer Begeisterung mit. Wer wird der Anführer werden?

Das ist eine wunderbare, für manche Kinder allerdings auch schwierige Übung: Selber über die anderen zu bestimmen, und die tun und folgen dem, was man selber macht, ist gerade für die Kinder eine gute Erfahrung, deren Grenzen sonst überschritten oder nicht akzeptiert werden und die sonst das machen (müssen), was andere ihnen aufdrängen. Es ist natürlich auch nicht unbedingt einfach sich unterzuordnen und das zu tun, was andere sagen. Aber die Begeisterung der Bewegung ist in dem Moment das Entscheidende und kann die Gruppe gut zusammenführen.

Spannend ist es, wenn die ganze Gruppe in kleine Gruppen aufgeteilt, jede aber das gleiche Material bekommt, z.B. Stäbe. Denn jeder hat eine andere Fantasie und die Ergebnisse werden ganz unterschiedlich ausfallen. Die einen werden den Stab vielleicht ganz locker an einem Ende führen und ihn wie ein Uhrpegel hin- und herschwingen, die anderen könnten ihn waagerecht zwischen ihren Händen halten und vorwärts rollen. Einige Stäbe hüpfen vielleicht tatsächlich über die Bühne, da kommen ganz interessante Ergebnisse zustande. Die Stäbe selber sind Rundhölzer, die auf gleiche Länge gesägt und mit weißen Baumwollstreifen umwickelt sind.

Nach dem Unterricht begleiten alle Pinguinschüler Josefine zu ihren alten Freunden. Und dort tanzen sie alle gemeinsam den Pinguintanz.

■ *Die Aufgabe der Gruppe*

Diesmal geht es um eine Gruppenchoreografie. Bei der vorangehenden Übung ist schon deutlich geworden wie unterschiedliche Fantasien und Bewegungsabläufe die Kinder haben. Jetzt können sie sich selber allein oder in kleinen Gruppen zur Schau stellen, was die meisten Kinder absolut lieben.

Eine wichtige Erfahrung kommt jedoch hinzu: Sie werden ein Gespür entwickeln, wann es gut ist der große Star zu sein und wann es wichtig ist, ein wenig in den Hintergrund zu treten, damit andere voll zur Wirkung kommen. Denn wenn alle ihre Bewegung gleichzeitig zeigen, kommen alle zu kurz: Der Zuschauer ist nicht in der Lage, alle Darbietungen aufzunehmen. Der Gesamteindruck ist zu überladen. Wenn sich die Einzelnen in ihrer Bewegung etwas zurücknehmen, dabei auch ein wenig in den Hintergrund treten, kann jeder mal als 'Star' auch die ungeteilte Aufmerksamkeit des Publikums genießen und umgekehrt – (Vergleich Musikgruppen).

Aber zum Schluss wird gewirbelt, was das Zeug hergibt. Aber: Auch hier ist wichtig, dass jeder weiß, wo er steht, damit keine schwarze Gestalt ihn verdeckt und sichtbar wird. Da gehört auch schon eine gute Portion Disziplin zu, damit das gelingt. Aber auch das werden die Kinder schaffen.

Es ist ganz klar, dass dieses Finale mit einer powervollen Musik am besten wirkt.

Das i-Tüpfelchen kommt noch mit dem Auftritt des Walrosses, das 'sein Balletträckchen ein bisschen lächerlich fand'! Wer will denn das Walross sein? Das Kind könnte sich ja dicke Kissen umbinden und dann seine schwarzen Sachen und sein Kostüm darüber anziehen. Das Ballettröckchen könnte ein breiter Stoffstreifen sein, an dem jede Menge einzelner Tücher angenäht sind.

Bei seinem Auftritt treten alle anderen Tänzer rechts und links an die Bühnenseiten. Die Mitte der Bühne bleibt frei. Und die Zuschauer sehen dann nur ein gewaltiges Ballettröckchen über die Bühne wackeln. Ein witziger Abschluss!

Teil 6

Mit Kulissen und Geräuschen Hintergründe gestalten

Von Wänden und Tönen

Mit Kulissen und Geräuschen Hintergründe gestalten

Von Wänden und Geräuschen

■ *Der Bühnenraum*

Wunderschön für Kinder: Theater in der Natur

Überall kann Theater stattfinden: Im Hof, im Park, auf einer Waldlichtung, in einer Burgruine, am Bach, im Raum und schon gibt die Umgebung dem Zuschauer eine Idee, auf welche Handlung er sich freuen kann. In der Burgruine kann er bestimmt eher Ritterspiele oder die dramatische Befreiung der Prinzessin aus den Klauen des gefährlichen Drachen erwarten als im gepflegten Park. Die Natur bietet eine ideale Kulisse für Theaterstücke und die Umgebung selber reizt ja schon zum Spiel: Der friedliche Wald lädt zum Hänsel-und-Gretel-Spiel oder zu einem schönen Feenstück ein. Gerade für Kinder ist es wunderschön, wenn sie so eine hautnahe Inszenierung haben, Theater ist dann in Harmonie mit der Landschaft: Die kleinen 'Nikoläuse' oder andere Flugsamen werden ja schon zu Feen, wenn man sie anschaut: Die Fantasie ist angeregt und will zu ihrem Recht kommen – ideale Bedingungen fürs Theater spielen.

Das Licht

Experimente mit dem Licht eignen sich besonders gut zur Winterzeit oder können zu einem besonderen Erlebnis in der Nacht werden.

Die Geschichte 'Knips die Nacht an' von Ray Bradbury eignet sich dazu wunderbar: Das Tageslicht verbirgt nichts, aber die Dämmerung schafft Geheimnisse und wenn dann erst die Nacht kommt, wird mit ihr auch die Fantasie des Zuschauers angeregt.

All die Geräusche, die plötzlich so deutlich zu hören sind, setzen Bilder in der Fantasie frei, wunderschöne Bilder, die nur nachts zu erleben sind.

Fräulein Dunkel versteht es in der Geschichte, einem kleinen ängstlichen Jungen die Schönheit der Nacht erkennbar zu machen, denn nur wer das Licht ausschaltet, wird die Millionen Sterne am Himmel erkennen, wird das Zirpen der Grillen wahrnehmen, die Frösche quaken hören. Und er findet Gefallen daran, die Einzelheiten im 'Spotlicht' zu sehen.

Nacht heißt die Kulisse zu diesen Naturstücken. Dunkelheit ist eine fantastische Kulisse für das Theaterspiel, nur diesmal können auch ganz verschiedene Lichtquellen gezielt eingesetzt werden, um ganz erstaunliche Effekte zu erzielen. Wird z.B. der Spot auf eine bestimmte Stelle gerichtet, kann so natürlich auch die Aufmerksamkeit des Zuschauers gelenkt werden.

Anstelle eines Spots können die Kinder unterschiedliche Lichtquellen und ihre Wirkung ausprobieren. Im Beisein eines Erwachsenen ist es für sie sicher spannend zu erleben, welche Wirkung ein einzelnes Streichholz haben kann, wenn es plötzlich im total dunklen Raum entzündet wird. Zwei, drei Kinder, die schon gut mit Streichhölzern umgehen können sind im Raum verteilt. Können die Zuschauer die Spannung im Raum fühlen, können sie schon vorher erspüren, wo das nächste Holz entflammen wird?

Kerzen üben eine genau so starke Zauberkraft aus: Wie aufregend ist es schon zu beobachten, wie sich Licht und Schatten verändern, wenn ein Kind mit einer Kerze in der Hand langsam von einem Ende des Raumes zum anderen geht wie der Schatten an der Wand wächst, zum Riesen wird und dann zum Zwerg zusammenschrumpft – wunderbare Geschichten spielen sich in diesen Sekunden ab.

Wunderkerzen sind nicht nur zur Weihnachtszeit eine immer wieder neue wunderschöne Sache. Die kleinen Wunderkerzen in ihrer hektischen Schnelligkeit geben einen guten Kontrast zu den großen Wunderkerzen, die alle Bewegungen im Raum wie im Strobberlight reflektieren. Die Gruppe

kann sich teilen – einige der Kinder ziehen mit den großen Wunderkerzen Bewegungen durch die Luft, ein anderer Teil tanzt langsam dazu und der dritte Teil kann das Zusammenspiel, diesen ganz besonderen Tanz genießen.

Taschenlampen zielen klar und direkt – sie spüren auf und reizen zum Detektivspiel. Wo mag sich der Bösewicht versteckt haben? Egal, wo er im Raum steckt, er wird entdeckt und gefangen werden. Wie steht denn der Bösewicht da, wenn er ertappt ist: Macht er ein Furcht erregendes Gesicht, baut er sich ganz groß auf oder versucht er sich ganz klein und unsichtbar zu machen?

Auch das Spiel 'Zwerge und Riese' kann durch die Dunkelheit erst die richtige Kulisse bekommen: Die Zwerge verstecken sich hinter Bäumen (Stühle, über die Decke geworfen werden), denn der Riese ist hinter ihnen und ihren Schätzen her. Sie huschen von Baum zu Baum und versuchen, ihre Schätze heil in ihre Höhle (unter einem Tisch) zu transportieren. Der Lichtriese hat ein drittes Auge auf dem Kopf (ansteckbare Taschenlampe am Stirnband), das zu allem Übel auch noch in der Dunkelheit leuchtet. Aber er kann sich nur ganz tapsig bewegen, weil er einen Klumpfuß hat (Fuß steckt im Eimer oder Karton) und er hat nur eine Hand (die andere wird mit einem breiten Tuch am Körper festgeschlungen). Der Riese sucht mit seinem dritten Auge die Zwerge. Was huscht da, ein Zwerg? Nein, es ist ein Häschen, das ängstlich weghoppelt. Und das? Nein, das ist der Fuchs, der sich schnell wegschleicht. Schafft es der Riese die Zwerge zu fangen oder schleichen sich die Zwerge heran und überwältigen gemeinsam den Riesen? Wie geht die Geschichte aus?

Taschenlampen unter dünnen Stoffen verwandeln rote Stoffe in brodelnde Vulkane, die jederzeit ausbrechen können. Wie könnte damit ein Theaterstück entstehen? Weiße Stoffe werden zu Geistern, deren Augen ganz fürchterlich glühen. Da fallen Kindern ganz schnell gruselige Szenen ein! Und zwischendurch ist es auch herrlich, sich ein bisschen zu gruseln – muss ja nicht lange sein.

Was passiert denn, wenn der Strahl der Taschenlampe direkt in das Gesicht der Spieler gerichtet wird? Jeder denkt sich eine Grimasse aus und hält diese fest, wenn es den Lichtstrahl auf sich spürt. Da kommen die tollsten Gesichter raus und es tut so gut und ist so herrlich befreiend, nach den gruseligen Gestalten über diese herrlich albernen Gesichter, die vorher aufleuchteten lachen zu können. Ja, die Nacht birgt viele Überraschungen. Dunkelheit und Licht sind wunderbare Kulissen für spannende Spielszenen.

■ *Die Bühnendekoration*

Bei den vielen Ideen, die die Kinder ausprobieren, ist ihr Spiel wichtiger als eine perfekte Bühnenkulisse. Die Bühnenausstattung braucht nicht perfekt zu sein, sie entspricht dem Sinn und der Art des Spiels: Spielt die Szene im Park, wird dem Zuschauer schnell klar, dass die Kinder, die dort mit erhobenen Armen hin- und herschwanken, ihnen nicht freundlich zuwinken, sondern Bäume sind, die sich im Wind wiegen. Der Tisch wird beim Krankenhausstück zum OP-Tisch, der einsame Mond, der da von der Decke baumelt, macht jedem Zuschauer sofort klar, dass die folgende Szene nachts spielt. Die Bänder, die von der Decke herunterhängen und am Boden festgeklebt sind, stellen ganz deutlich die Käfige des Zirkus Amaretto dar. Oft helfen ganz wenige Requisiten, um die Aussage zu unterstützen. Wichtig ist die Fantasie – bei den Spielern und auch beim Zuschauer.

■ *Das Bühnenbild*

Manchmal möchten Kinder und Spielleiter aber auch aus dem Vollen schöpfen und eine aufwendige Kulisse erstellen. Normalerweise malen Kinder auf DIN-A4- oder DIN-A3-Papier und für sie ist es allein schon eine aufregende Erfahrung, auf großen Flächen zu malen. Lange Bahnen Packpapier mit Klebeband miteinander verbunden geben eine gute Fläche. Ideal ist es natürlich, wenn die Malaktion draußen stattfinden könnte. Im Raum wird der Boden vorher mit Plastikplane ausgelegt, auf die dann das Papier kommt. Je nach Thema des Stückes kann die Technik variieren. Als Beispiele werden jetzt die Stücke aufgezeigt, die in diesem Buch beschrieben sind.

Wenn die Kinder ihre Füße mit Abtönfarbe anstreichen und dann über das Blatt laufen und so ihre Fußspuren hinterlassen, dann könnte das eine ideale Kulisse für 'Hänsel und Gretel' sein. Für 'Des Kaisers neue Kleider' können sich einige Kinder nebeneinander auf das Papier legen.

Jedes Kind wird nun von einem anderen ummalt. Dazu führt es einen Blei- oder Kohlestrich um den Körper des liegenden Kindes. Steht dieses auf, sind seine Körperkonturen auf dem Papier zu sehen. Diese werden jetzt mit den ausgefallensten und buntesten Kleidern kostümiert.

Für 'Swimmy' könnte die ganze Fläche mit dicken Pinseln bearbeitet werden. Jedes Kind bekommt einen Eimer mit einem anderen Blauton – das Ergebnis ist eindrucksvoll. Wer will, kann auf die getrocknete Fläche noch Wasserpflanzen und Algen malen. Sehr effektvoll sind ein paar silberne Glimmerstellen. Eine kleine Fläche oder ein schmaler Streifen wird mit Kleber bestrichen. Diese feuchte Stelle wird mit Glimmer überstreut. Es wirkt wie Lichtstrahlen oder Luftblasen.

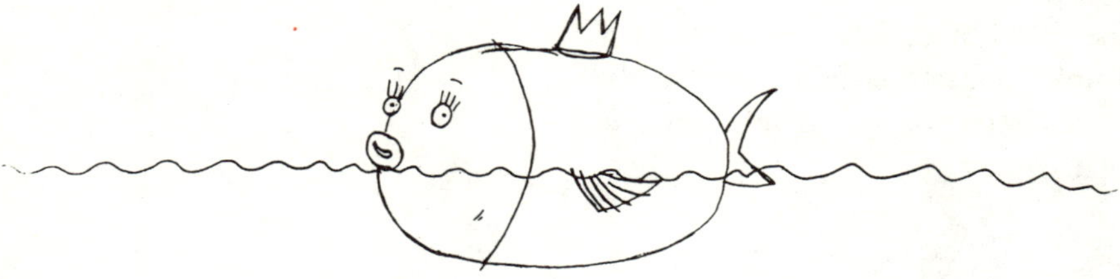

'Du schaffst das schon, Josefine' spielt in der Arktis. Da könnten Computerblätter, die man meistens geschenkt bekommt, zusammengeknäult und auf den Bogen geklebt (oder getackert) werden. Die dicken Bälle wirken dann auf der Kulisse wie dicke Schneeflocken. (Im Schwarzlicht braucht man natürlich keine Kulisse, weil diese die schwarzen Gestalten sichtbar werden ließ.)

'Wo die wilden Kerle wohnen' ist mit Blättern, Gräsern und Zweigen gut zu gestalten. Die Kinder legen sie auf das Papier und malen mit dicken Pinseln und grüner Farbe darüber. Ist die Farbe getrocknet, werden die Blätter, Gräser und Zweige abgenommen und den Kindern leuchtet zwischen dem ganzen Grün ein wunderschöner Urwald entgegen.

Die Kulisse kann an einer Seite auf eine Dachlatte getackert und dann in der Bühne oder im Raum aufgehängt werden.

■ *Der akustische Hintergrund*

Der Background ist nicht nur die Bühnenkulisse, ein Element spielt oft nur eine Rolle im Hintergrund und soll an dieser Stelle in den Vordergrund gerückt werden: die Akustik, also Töne, Geräusche, Klänge, Musik. Die meisten Filme sind ohne Musik oder Geräuschkulisse gar nicht vorzustellen, deshalb ist es fast verwunderlich, wie wenig sie im Theaterspiel, besonders mit Kindern bedacht wird. Dabei kann ein einziges Geräusch ein ganzes Theaterstück beeinflussen.

□ *Beispiel:* ***Wassertropfen***

Die Zuschauer sitzen erwartungsvoll auf ihren Stühlen, der Bühnenvorhang ist noch geschlossen. Das Licht im Zuschauerraum wird ausgeschaltet, die Unterhaltungen hören auf, die Spannung der Zuschauer setzt ein. Da hören sie etwas – was ist das nur für ein Geräusch? Es ist stockdunkel, selbst das Notlicht reicht nicht aus, um in der Finsternis die Quelle des Geräusches auszumachen. Der Vorhang öffnet sich. Jetzt hört man das Geräusch noch deutlicher, ja, jetzt ist es zu erkennen: Es sind Wassertropfen! Ein Spot geht an und richtet die Aufmerksamkeit auf ein Einkaufsnetz, das von der Decke hängt. In dem Netz befindet sich ein rundes Aquarium. In dem Glas schwimmt ein Goldfisch. Das

Glas hat ein Loch im Boden, aus dem ständig Wasser tropft: Plock, plock, plock. Das ist das Geräusch! Jetzt könnte das Stück ganz unterschiedlich weitergehen. Was befindet sich unter dem tropfenden Glas? Nichts? Wird die Pfütze immer größer? Damit wird die Fantasie des Publikums schon in eine Richtung gelenkt – wird der Fisch gerettet? Die Bedeutung von Zeit und dem Nutzen der Zeit mag manchem erwachsenen Zuschauer durch den Sinn gehen. Die Kinder im Publikum werden sich vielleicht Sorgen um das Wohlergehen des Fisches machen.

Die Schauspieler treten auf – beachten sie das Geräusch oder nicht? Das Publikum wird mit dem Fisch bangen.

Anders wird es sein, wenn unter dem Glas ein Eimer steht: Dann kann sich das Publikum damit beschäftigen, wofür der Eimer dasteht. Was passiert nun mit dem Fisch? Jetzt ist ja ein, wenn auch ungewisses Hoffnungszeichen gesetzt – wird das Wasser wieder in das Glas zurückgeschüttet?

□ *Ein anderes Beispiel, aber gleiche Ausgangssituation:*

Das Publikum hört dasselbe Geräusch, der Vorhang öffnet sich, zu sehen ist ein Eimer, in den stetig Wasser tropft und eine Anzahl von Menschen: Eine Familie, die in ganz ärmlichen Verhältnissen lebt. Ist das am Kulissenbild zu erkennen? Nicht im geringsten! Das Geräusch allein reicht, dem Betrachter das mitzuteilen, den Rest erledigt die Fantasie der Zuschauer. Vor ihren Augen verwandelt sich die sonst leere Bühne in einen kleinen, kalten und feuchten Raum, durch dessen Dach der Regen tropft. Durch die Körperhaltung und Gesten der Schauspieler, verbunden mit dem Geräusch wird dem Publikum auf dem ersten Blick klar, dass die Familie dort arm ist. Mitgefühl steigt im Zuschauer hoch, ohne dass bis dahin ein einziges Wort gefallen ist.

Das Geräusch verändert sich, je mehr Wasser in den Eimer fällt. Der Sohn erhebt sich, geht zum Eimer, schaut hinein, holt einen leeren Eimer und tauscht die Gefäße aus. Mit dem vollen Eimer geht er aus der Kammer. Die Tochter schleicht um die Eltern herum, die apathisch dahocken, geht dann zu dem tropfenden Wasser, streckt ihren Finger darunter und beobachtet, wie das Wasser auf ihre Finger plinkt. Sie steckt den Finger in den Mund und schreit auf: 'Das ist ja Cola!'

Wie reagiert ihre Familie darauf? Und wie das Publikum? Das Stück kann jetzt eine ganz andere Richtung einschlagen als durch die Eingangsszene mit dem damit verbundenen Geräusch initiiert worden ist.

□ *Noch ein anderes Beispiel:*

Der Zuschauer hört Telefongeklingel. Es tönt und tönt, dann hört es auf. Nach kurzer Zeit klingelt es erneut. Schon ist die Fantasie der Zuschauer angeregt. Er sieht ja noch nicht einmal das Telefon. An der Art des Telefons könnte er ja schon ein bisschen erkennen, was für ein Typ der Telefonbesitzer sein könnte. Ist es ein Telefon in einem leeren Büro, liegt neben dem Telefon eine Leiche, steht es neben dem Bett und der Besitzer schläft so tief, dass er es nicht hört?

Der Zuschauer kann auch an seine eigenen letzten Telefongespräche denken, ist mit sich und seinen Erfahrungen beschäftigt: Warum ist Eva nur so zickig am Telefon gewesen? Ach, ich hab' ganz vergessen, die Mutter anzurufen! Warum hat der Paul denn immer noch nicht angerufen? Ich wollte doch noch ...

Jetzt geht der Vorhang auf, da steht das Telefon auf einem kleinen Tisch. Ah, Wohnzimmer also! Neben dem Tischchen hockt ein kleines Kind auf dem Fußboden, es ist ganz vertieft in sein Spiel mit den Autos. Als das Telefon zum zweiten Mal klingelt, guckt es hoch, dann erhebt es sich. Was mag jetzt passieren?

So könnte man die Reihe an beispielhaften Geräuschen und ihren Einsatzmöglichkeiten endlos fortsetzen.

■ *Der Bühnenhintergrund*

Als nächstes soll der Bühnenhintergrund in den Blickpunkt gesetzt werden. Damit ist jetzt nicht die Kulisse, sondern der räumliche Hintergrund der Szene gemeint. Der Raum und die Position des Schauspielers im Raum sagt etwas über den Spieler aus. Steht das Kind mitten auf der Bühne, so vermittelt es dem Zuschauer damit auch, dass es sich seiner Wichtigkeit bewusst ist: Es ist wichtig! Stellt es sich an den äußeren Bühnenrand, so kann es damit dem Zuschauer auch mitteilen, dass es sich noch nicht ganz traut, sich nicht sicher ist, abwartet was kommt. Drückt sich das Kind im äußersten Winkel herum, dann kann es je nach Körperhaltung damit aussagen, dass es eine Attacke aus dem Hintergrund plant oder, dass es möglichst schnell diesen Ort zu verlassen gedenkt.

Ist der vordere, wie der hintere Teil der Bühne besetzt, wird das Publikum seine Aufmerksamkeit zunächst den Personen im Vordergrund zuwenden. Wie verhalten sich dann die Spieler im hinteren Teil der Bühne? Stehen sie gelangweilt herum, kauen an den Fingernägeln und drehen ihre Haare zu kleinen Würstchen? Die Zuschauer würden zunächst unbewusst, dann peinlich berührt darauf reagieren. Der Raum wird gestaltet, bewusst gestaltet.

Für die gespielte Szene bedeutet dies, dass der Hintergrund so genutzt wird, dass er eine Aussage unterstützt oder, wenn beabsichtigt, das Gegenteil des Gesagten darstellt.

□ *1. Beispiel:* Die Kindergartenleiterin spricht mit den Eltern der kleinen Lara. Sie schlägt den Eltern vor, Lara in den Ballettunterricht zu schicken, um ihr tänzerisches Interesse und ihre Begabung zu fördern.
Im Vordergrund ist das Elternpaar und die Leiterin im Gespräch vertieft zu sehen. Im Hintergrund erkennt der Zuschauer das Mädchen, das dort einige Ballettschritte ausführt.
Das Geschehen im Hintergrund unterstützt also die Aussage der Leiterin.

□ *2. Beispiel:* Dieselbe Leiterin, diesmal im Gespräch mit den Eltern des kleinen Jan. Sie schlägt ihnen vor, Jan jetzt schon in der Schule anzumelden, auch wenn er mit seinen fünf Jahren vielleicht noch jung erscheint. Aber seine Konzentrationsfähigkeit und Begabung, sein Interesse an schulischen Leistungen sollte unbedingt gefördert werden.

Im Vordergrund sind wieder die drei Erwachsenen, im Hintergrund flitzt Jan herum und führt ein Modellflugzeug durch die Luft, wobei er zwischendurch auch die Erwachsenen mit einem gezielten Tiefflug nervt.

Die Handlung im Hintergrund zeigt ziemlich deutlich, dass Jan ganz das Gegenteil von dem ist, was die Leiterin in ihm sieht.

□ *3. Beispiel:* Dieselbe Leiterin, diesmal mit den Eltern des kleinen Fabian. Sie beschwert sich bei den Eltern über Fabians Interessenlosigkeit. Er würde nichts mitmachen, den ganzen Tag nur träumen. Sie zweifelt stark an seiner Intelligenz und schlägt den Eltern einen Psychologen vor, der mit dem Jungen einen Intelligenztest machen soll.

Im Vordergrund sind wiederum die Erwachsenen zu sehen. Im Hintergrund sitzt Fabian an einem Schreibtisch über ein Mikroskop gebeugt. Um ihn herum stapeln sich Bücher, an den Wänden hängen Poster mit Raumfahrtabbildungen.

Ob sich die Leiterin wohl ein bisschen in ihrem Urteil getäuscht hat?

Wie unterschiedlich doch eine Theaterkulisse sein kann! Ob akustisch oder bildnerisch – die Wahl des Hintergrundes unterstützt die Aussage des gezeigten Stückes

Musik im Hintergrund

Noch anders ist es mit musikalischer Hintergrunduntermalung eines Stückes. Wie Musik uns Menschen beeinflusst, können wir schon beim ganz normalen Einkauf erleben, wenn in Kaufhäuser Musik auf uns einrieselt und zum Kaufen animieren soll.

Musik löst Empfindungen aus, setzt Erfahrungen ins Körpergedächtnis, weckt Erinnerungen. Diese Reaktionen sind nicht gleich, sie unterscheiden sich je nach individuellen Hintergrund und Offenheit. Schauspieler wie Zuschauer werden also durch den Einsatz von Musik angeregt oder beeinflusst.

Eine spannende Erfahrung können die Spieler machen, wenn sie eine Szene mit total unterschiedlichen Musiken unterlegen. Sofort reagiert der Körper jedes einzelnen auf die neue Musik, er reagiert auf den Rhythmus, die Leichtigkeit oder Schwere der Melodie, bewegt sich anders. Das Stück bekommt mit jeder neuen Musik eine andere Intensität und Aussage.

Teil 7

Mit Kostümen biblische Geschichten erspielen

Von Gedanken und Gewändern

Mit Kostümen biblische Geschichten erspielen

Von Gedanken und Gewändern

Theaterkostüme helfen, die Form des menschlichen Körpers zu verändern. Sie können Körperteile betonen oder verstecken. Das Kostüm kann zu eng, zu weit, zu kurz, zu lang, übertrieben auffallend oder schmuddelig sein – nur eins ist es nicht – alltäglich und normal. Es dient dazu, dass der Schauspieler auffällt, in Szene gesetzt wird. Große Capes, Verpackungen und Umhüllungen ziehen die Aufmerksamkeit des Zuschauers an. Er wird die Darstellung besonders genau beobachten.

Kinder lernen so nebenbei auch etwas von Geschichte und Zivilisation. Wissen die Kinder, wie die Menschen damals vor mehr als 2000 Jahren gekleidet waren? Wenn biblische Geschichten dargestellt werden und einem Kind das Kostüm über den Kopf gezogen und mit einem Reißverschluss zugemacht wird – dann stimmt da etwas nicht. Ob das Kind selber dahinter kommt? Wie haben die Leute damals vor 2000 Jahren ihre Kleidung zusammengehalten? Hatten sie Schnallen oder haben sie sie mit Bändern zusammengehalten? Was fällt den Kindern dazu ein?

Auch wenn die Personen in der Bibel in der Regel mit schlichten Kostümen dargestellt werden, kann doch die Fantasie der Kinder reichlich mitspielen. Ein langes Tuch bietet so fantastisch viele Möglichkeiten, um beispielsweise die verschiedenen Haikformen darzubieten: Das eine Ende des Tuches kann zunächst als Turban um den Kopf geschlungen werden, um es dann über den Nacken herunter zur Hüfte, dann vorne um den Bauch nach hinten zu führen und das andere Ende dann mit einer Schnalle an der Schulter des Hemdes zu befestigen. Klingt das nicht herrlich kompliziert? Aber die Zeichnung zeigt, wie einfach das geht und wie effektvoll es aussieht.

Oder: Ein Tuch wird über den Kopf gelegt. Die beiden Enden werden in Achselhöhe locker verschlungen, dann wird das eine Ende über die linke Schulter nach hinten geworfen, das andere Ende über der Vorderseite fallen gelassen. An den Seiten wird es mit Bändern oder Schnallen zusammengefasst.

Oder: Ein großes Tuch wird unter den Achseln zum Rücken geführt und dort mit einer Schnalle zusammengehalten. Ein zweites kürzeres Tuch wird über die Schulter gehängt und hält das erste Tuch in Schlüsselbeinhöhe mit zwei Schnallen.

Oder: Ein langes Tuch wird durch die Beine geführt, die beiden Tuchenden werden dann ebenfalls in Schlüsselbeinhöhe zusammengeschnallt. Die Seiten können mit einem gedrehten Tuch oder mit Bändern, um die Taille geschlungen, zusammengehalten werden. Der Aufzählung könnten noch viele Variationen hinzugefügt werden. Vielleicht fallen den Kindern ja auch welche ein – sie müssen ja nicht unbedingt bibel- oder geschichtsfest sein.

In der Regel ist in jedem Kindergarten eine große Verkleidungskiste vorhanden. Andernfalls aber lassen sich mit einfachen Mitteln Kostüme für unterschiedliche Anlässe schnell herstellen. Vorrangig sind nicht großartige Inszenierungen mit viel Aufwand und Perfektion. Vielmehr können die kleinen Spiele zu besonderen Anlässen auch im Kindergarten oder im Kindergottesdienst dargestellt werden, also bei einer Advents- und Weihnachtsfeier, zu Erntedank sowie anderen Gelegenheiten.

Allerdings geht es zunächst einmal darum, dass die Kinder sich mithilfe solcher Kostümierung und Darstellung in biblische Geschichten einfühlen und hineinversetzen können, um ein wenig davon zu begreifen. Über den spielerischen Zugang werden die manchmal schwer verständlichen Geschichten aus der Bibel transparenter und in den Augenblick geholt.

■ *Mehl im Topf und Öl im Krug*

Die eher unbekanntere Geschichte findet sich im Alten Testament im Buch: 1. Könige, Kap. 17, Verse 1 bis 16, lässt sich leicht ins Spiel umsetzen. Hauptpersonen sind der Prophet Elia und eine Witwe aus Sarepta (anders genannt Zarpath). Dieser Ort liegt zwischen Sidon und Tyrus im nördlichen Teil des damaligen Israels.

Es geht um eine große Trockenheit im ganzen Land, die der Prophet zu verkünden hat. Deswegen liegt es nahe, das Spiel in der Wüste stattfinden zu lassen. Für die Kinder ist es so leicht einzusehen dass kein Wasser mehr vorhanden ist.

Aber hier zunächst die Geschichte, wie sie den Kindern mit eingebauten Erklärungen erzählt werden kann. In der Bibel finden sich hin und wieder Geschichten, die man kaum glauben kann. Solche Geschichten werden auch Wundergeschichten genannt, und zwar deswegen, weil sie sich wundersam anhören etwa wie Märchen oder weil man sich darüber wundern kann, was da Seltsames passiert.

Es gab damals Menschen, denen Gott einen Auftrag gegeben hatte, zu denen Gott sprach und die so etwas wie Sprachrohre Gottes waren. Solche Menschen wurden Propheten genannt. So ein Mensch war Elia, eine der beiden Hauptpersonen in dieser Geschichte. Damals als im ganzen Land die Erde fast ausgetrocknet war, weil kein Regen fiel, sagte Gott zu Elia: „Mach dich auf den Weg nach Norden, bis du auf einen kleinen Bach triffst. Dort sollst du bleiben. Aus dem Bach kannst du trinken und es werden Raben kommen, die dich versorgen." Also zog Elia los, bis er an den Bach kam. Und tatsächlich flogen ein paar Raben zu ihm, brachten morgens und abends Brot und Fleisch. Aus dem Bach trank er. Dann aber vertrocknete auch der Bach, denn nun gab es im ganzen Land keinen Regen mehr. Selbst auf den Pflanzen war morgens kein Tau mehr zu finden. So trocken war es.
Und Gott sprach wieder zu Elia: „Du sollst weiterziehen, bis du in die Stadt Sarepta kommst. Dort wirst du eine Witwe finden, die dich versorgen wird." Und Elia machte sich auf die Reise. Zwei Tage lang war er unterwegs, er kam schon fast um vor Hunger und Durst, als er endlich die Stadt Sarepta erreichte. Am Stadttor begegnete er tatsächlich einer Frau, die dabei war, Holz zu sammeln. Er sprach sie an und bat sie, ihm Wasser aus dem Brunnen zu holen. Und als die Frau losging, um seine Bitte zu erfüllen, rief er ihr nach: „Bring mir gleich auch etwas Brot, ich bin sehr hungrig."
Die Frau antwortete daraufhin: „Gern würde ich das tun, aber ich habe kein Brot, nur noch eine Handvoll Mehl im Topf und ein paar Tropfen Öl im Krug. Mit dem gesammelten Holz will ich nach Hause gehen, Feuer machen, um meinem Sohn und mir eine letzte Mahlzeit zu backen. Danach müssen wir hungern und möglicherweise sterben." Aber Elia sagte zu ihr: „Du brauchst keine Furcht zu haben. Geh hin und mach alles, wie du es gesagt hast. Doch back zuerst etwas für mich und bring es mir, danach backst du etwas für dich und deinen Sohn. Denn so spricht der Gott Israels:
Das Mehl im Topf soll nicht verzehrt werden und dem Ölkrug soll nichts mangeln bis auf den Tag, an dem Gott es regnen lässt im Land."
Die Witwe ging hin und es geschah alles, so wie Elia es gesagt hatte. Er aß und sie auch und genauso ihr Sohn Tag für Tag. – Und das Mehl im Topf wurde tatsächlich nicht verzehrt und dem Ölkrug mangelte es ebenso nicht, so wie Elia es als Gottes Wort weitergegeben hatte.

Es versteht sich von selbst, dass zwischendurch kleine Pausen mit notwendigen Erklärungen oder Rückfragemöglichkeiten für die Kinder eingelegt werden. Bei möglichen Interpretationen sollte weniger die „wunderbare" Seite des Geschehens (die Raben, die Elia ernähren, der immer gefüllte Mehltopf, ebenso der Ölkrug) in den Mittelpunkt gestellt werden als vielmehr das Vertrauen auf Gott.

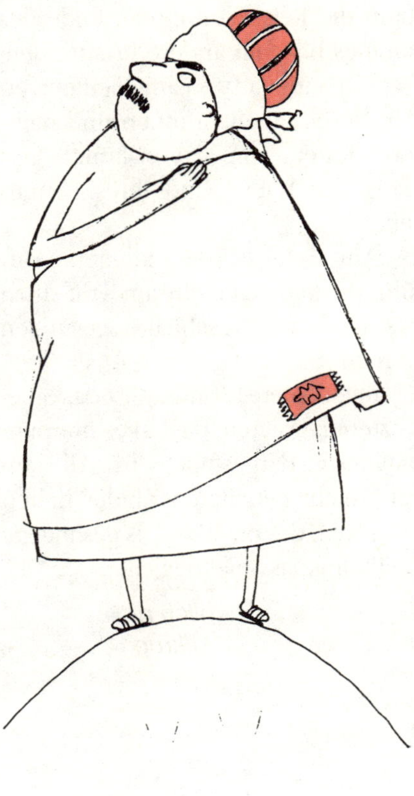

Die Kostüme

Wie oben schon gesagt spielt die Geschichte in einer Wüstensituation. Also sind in jedem Fall einfache *Kopfbedeckungen* angebracht.

Gebraucht werden dazu quadratische (nicht zu grelle) Kopftücher in einer Mindestabmessung von 70 cm, besser sind 80 cm oder mehr. Ein Tuch über den Kopf gelegt, ein Streifen Stoff wird um den Kopf geschlungen und auf dem Hinterkopf zusammengeknotet – und schon ist eine einfache, aber wirkungsvolle Kopfbedeckung fertig.

Es gibt so wunderbare Möglichkeiten, eine Kopfbedeckung zu gestalten, Turbane sind sicher auch für Kinder reizvoll, auch wenn sie beim ersten Versuch auseinanderrutschen werden. Einfacher sind Kopfwickel oder Tücher: Ein Tuch wird diagonal einmal gefaltet und so auf den Kopf des Kindes gelegt, dass die mittlere Spitze nach hinten zeigt. Die beiden langen Enden werden dann parallel an den Kopfseiten entlang nach hinten gezogen und hinter dem Kopf sicher verknotet.

Noch besser sieht es aus und kommt einem Arabertuch näher, wenn das eine Ende an der Seite nach hinten um den Kopf gelegt und das andere Ende von der anderen Seite herumgezogen und unter das erste Ende gesteckt wird. Am besten ist es, diese

Möglichkeiten vorher ein wenig zu erproben und vielleicht noch eine andere Variante zu finden. Hinzu kommen noch einfache *Überhänge*, die wie Ponchos getragen werden. Am besten eignen sich nicht zu dicke Nessel- oder Leinenstoffe, die 40 oder maximal 50 cm breit sind. Von der Stoffbahn wird ein etwa 1 bis 1,50 m (je nach Größe des Kindes) Stück abgeschnitten. Genau in der Mitte dieses Stückes muss ein Loch für den Hals und nach vorne hin ein Spalt geschnitten werden. Dann wird der so entstandene Poncho einfach übergehängt und um den Bauch mit einer Kordel oder mit einem weiteren Tuch zusammengebunden. Natürlich können die Kostüme mit den Kindern zusammen hergestellt und ihre Ideen mit einbezogen werden.

■ *Das Spiel*

Neben der Besetzung der Hauptpersonen, dem Propheten Elia und der Witwe mit ihrem Sohn können andere Kinder einmal als Reisende und zum anderen als Bewohner der Stadt Sarepta mitspielen. Mit größeren Kindern, die schon in die Schule gehen, können die Dialoge zwischen Elia und der Frau gelernt und gesprochen werden. Ein Jugendlicher oder Erwachsener liest oder erzählt dazu die Geschichte inklusive der Worte Gottes zu dem Propheten.

Je nach Örtlichkeit der Aufführung kann die Reise von einem Ende des Raumes bis zum anderen stattfinden. Der Ort Sarepta kann angedeutet werden durch einen Brunnen und mehrere Hütten, eine davon könnte das Haus der Witwe und ihres Sohnes sein.

Am Schluss der kleinen Aufführung kann gemeinsam von allen das Lied zur Geschichte gesungen werden.

Mit kleineren Kindern ist das Spiel so zu organisieren, dass alles nur pantomimisch dargestellt wird. Alle am Spiel nicht beteiligten Kinder helfen beim Lied, das praktisch als gesungene Erzählung das Spiel begleitet.

Als Elia nach Sarepta kam …

2. Er traf eine Witwe und fragte sie, sag, hast du für mich ein Brot da? E-Elia …

3. Die Witwe klagte in ihrer Not, weil fast alles aufgebrucht war. E-Elia …

4. Es gab kaum noch Mehl und ein wenig Öl, blieb nur Hungern in Sarepta. E-Elia …

5. Elia sagte, vertrau dem Herrn, warte ab und rühr den Teig an. E-Elia …

6. Die Witwe ging hin und backte Brot von den Resten für Elia.
   E-Elia, Sa-Sarepta, war immer Mehl im Topf und immer Öl im Krug.

7. So hatten Sie Mehl und Öl genug bis zum Regen in Sarepta.
   E-Elia, Sa-Sarepta, war immer Mehl im Topf und immer Öl im Krug.

Text und Melodie: Eckhardt Bücken

■ *Jona und der Fisch*

Einer der interessantesten kleinen Propheten im Alten Testament ist Jona. Diese biblische Geschichte lässt sich besonders gut spielen und bietet viele Möglichkeiten, in Kostüme zu schlüpfen, die ohne großen Aufwand herstellbar sind.

Benötigte Kostüme:

□ *Jona* – Entweder ein Überwurf aus Fell oder aus einem Leinensack, um die Hüfte ein Seil gebunden und an den Füßen Sandalen.

□ *Schiffsmannschaft* – Die Seeleute damals könnten ähnlich wie Piraten gekleidet sein, die sich Tücher um den Kopf gebunden haben. Der Käpitän kann durch einen besonderen Hut und einen speziellen Wams hervorgehoben werden.

□ *Bewohner der Stadt Ninive* – Es könnte ein buntes Bild von verschiedenen Kostümen entstehen, die sich an orientalischen Bildern orientieren. Aber auch hier sind einfache Umhänge oder Überzüge aus Nessel, Baumwolle (Betttücher, alte Tischdecken) möglich.

Im 3. Kapitel des Buches heißt es ja, dass die Einwohner Ninives in Säcke gekleidet waren.

□ *Fisch* – Obwohl im Text tatsächlich nur die Rede von einem großen Fisch ist, wurde immer angenommen, dass es sich dabei um einen Wal handelt. Es ist also durchaus möglich, einen Walfisch aus einem großen Waschmaschinenkarton herzustellen. Der Karton wird auf die Seite gekippt, die Öffnungen liegen wie ein natürliches Maul (Schlitz waagerecht). Die vorderen Kanten werden mit einem scharfen Messer abgeschrägt, so dass eine Kopfform entsteht. Die Löcher werden mit einem Papier überklebt. Auf die gegenüberliegende Rückseite wird eine große Schwanzflosse aus Pappe angetackert. Das Ganze wird mit blaugrauer Farbe angemalt. Die Innenseite des Mauls wird mit Griffen versehen. So kann das Maul von innen leicht geöffnet und geschlossen werden. Ebenso werden an den Innenseiten Griffe angetackert, die dem Kind, das in dem Karton steckt und ihn führt, die Handhabung des Wals erleichtert.

Die Bauchseite (unten) bekommt noch zwei kreisrunde Öffnungen, durch die das Kind seine Beine stecken kann. Sehschlitze an den Seiten und am Maul helfen ihm, die Raumorientierung zu behalten. Man kann auch größere Flächen ausschneiden und diese mit Gaze, durchsichti-

gen Stoff oder engmaschigen Draht bedecken, der in derselben Farbe wie der Wal selber überstrichen wird.

Das Kind bewegt den Wal mit auf- und niederschwingenden Bewegungen, eben, als ob er ins Wasser taucht und wieder auftaucht. Mit den Griffen an den Seiten gelingt das gut. Die Beine stecken in einer dunklen Strumpfhose oder Leggings und fallen so weniger auf. Wird Jona vom Wal verschluckt, öffnet das Walkind von innen das Maul und Jona schlüpft hinein.

Der Wal kann dann einfach am Boden liegenbleiben. Witzig kann es werden, wenn vor den Beinöffnungen ein weiteres Paar angebracht ist. Jonas kann dann seine Beine ebenfalls durch die Löcher stecken und so 'mitschwimmen'. Das sieht natürlich sehr schön albern aus und löst beim Publikum Lacher aus. Das Hineinschlüpfen in den Wal, das Durchstecken der Beine und das gemeinsame Laufen muss gut geübt werden, sonst geht der Walfisch schneller baden als er will.

Eine andere Möglichkeit ist ein entsprechendes Bühnenbild zu malen. Der abgebildete Wal zeigt ein großes Maul. Die Öffnung ist mit einem Tuch verdeckt, das an der oberen Kante an der Leinwand befestigt ist. Das ganze Tuch wird beim Auftauchen des Wals von einem Kind leicht geschwungen, so dass sich der Wal wiegt. Jona bewegt sich auf den Wal zu und springt mit einem Hechtsprung durch die Öffnung auf die dahinter liegende Matte.

Sehr viel einfacher aber ist es, ein großes dunkles Tuch zu benutzen, das von einigen Spielern hin- und herbewegt werden kann. Leicht darstellbar wäre es dann, wie Jona vom Fisch verschlungen (das Tuch wird über ihn gestülpt) und wieder ausgespuckt wird.

Das Spiel

Das Stück lebt von der Bewegung – alles ist im Fluss: Jona läuft weg, das Meer bewegt sich, mal ruhig, mal stürmisch, das Boot schaukelt, der Wal verschluckt und spuckt Jona wieder aus. Die Geschichte bietet sich förmlich an, sie nur mit Kostümen und Bewegung darzustellen.

Die Kostüme der Kinder sind alle gleich. Sie haben 'sackähnliche' Überwürfe: Die Sacköffnung zeigt nach unten, oben wird eine Öffnung für den Kopf, an den Seitennähten eine für die Arme gelassen, die Seiten werden etwas eingeschlitzt, damit sich die Kinder freier bewegen können. Der 'Sack' geht ihnen bis zu den Knöcheln. Das klingt noch ziemlich fad, wird aber jetzt durch die Gestaltung lebendig: Die Kinder, die die Wellen spielen, bemalen ihr Kostüm mit dunkelblauer Farbe. Das geschieht am besten auf dem Boden. Das Kostüm liegt auf einer Plane, zwischen den Stoffschichten liegt ebenfalls eine Plane – so trocknet das Ganze schneller. Die Kinder können sich über der ganzen Bühne verteilen: Mal rollen sie als kleine Wellen an den Strand, dann richten sie sich auf, werden stürmischer, kommen zusammen, um dicht aneinandergedrängt als Riesenwelle über das Meer zu treiben. Ihre Arme können sie dabei hoch über den Kopf halten. Sie wirken dann wie Gischt.

Die Kinder, die das Schiff darstellen, legen ihre Kostüme nebeneinander auf den Boden. Ein Erwachsener hilft sicher, über alle Kostüme hinweg ein Schiff zu malen. Das Schiff besteht, wie ein Puzzle, aus Einzelteilen.

Beim Tanzen bewegen sich die Kinder mit den Wellen auf der Bühne. Wenn Jona ans Meer kommt, kommen die 'Schiffkinder' zusammen und bilden so das Boot, in das Jona einsteigt – er bewegt sich hinter den Kindern und wird so von ihnen 'getragen'.

Sehr eindrucksvoll ist es auch, wenn die Rückseiten der Schiffskostüme ebenfalls blau gemalt sind (an Plane im Kostüm denken, sonst drückt sich die Farbe bis auf die andere Seite und schmiert). Die Kinder bewegen sich dann auch mit den anderen als Wellen. Kommt Jona in den Hafen, drehen sie sich um und erscheinen so.

Taucht der Wal, wie oben beschrieben, als Tuch auf und verschluckt Jona durch Überstülpen, passt das wunderbar in diese Inszenierung.

Teil 8

Mit Fantasie zum Spiel anleiten

Von Ideen und Anregungen

Mit Fantasie zum Spiel anleiten

Von Ideen und Anregungen

Oft ist Hilfe durch den Spielleiter nötig

Der Spielleiter verfolgt aufmerksam das Spiel der Kinder. Er gibt neue Anregungen, wenn das Spiel einen neuen Reiz braucht, er hilft, die Spielenden untereinander in Kontakt zu bringen, wenn schüchterne oder spielunerfahrene Kinder Hilfe brauchen. Er hört auf die Ideen und versucht, ein Gespür für die Wünsche der Spielenden zu entwickeln. Kleinere oder zurückhaltende Kinder brauchen oft erst einmal ein 'Sprachrohr' und der Spielleiter kann ihnen dabei helfen, dass auch die schnellen und kessen Kinder ihnen zuhören, ihre Ideen anerkennen und ausprobieren.

Der Spielleiter gibt Anregungen, wenn das Spiel festgefahren ist. Manchmal ist es auch wichtig, Themen zu wiederholen: Die Spieler können sich in derselben Situation neu erleben und merken, wie die eigene Befindlichkeit auch ihr Spielverhalten und ihre Fantasie beeinflusst.

Der Spielleiter kann sein Gedächtnis trainieren: Wenn er bei einer Spielstunde einem Kind versprochen hat, dass es beim nächsten Mal 'den Wind spielen kann, wenn er über die Felder fegt', dann überlegt sich dieses Kind vielleicht die ganze Woche, wie es das wohl spielen könnte. Und dann kommt der Tag und es ist zu aufgeregt, um es von sich aus zu zeigen. Wie gut, dass der Spielleiter sich am Ende der letzten Stunde eine Notiz dazu gemacht hat. So kann er das Kind freundlich auffordern und dieses wird zwar seine anfängliche Aufgeregtheit spüren, vielleicht zittern und sich dann doch überwinden und vorspielen. Es blüht auf, seine Spielfreude wächst.

Das Gedächtnis des Spielleiters …

… hilft den Kindern

Aus den Spielenden eine Gruppe zu machen, die begabten und weniger begabten Spielern eine gute Chance gibt, erfordert Geduld und Gelassenheit und ist für Spielleiter wie Kinder eine immer wieder neu zu erfahrene Herausforderung.

Die Themen

Manche Themen, die Kinder vorschlagen, werden dem Spielleiter nicht immer behagen. Besonders dann nicht, wenn er schon ahnen kann, dass sie zu ziemlich aggressivem Spielverhalten verleiten können. Wenn das Spiel dann tatsächlich zu tätlichen Auseinandersetzungen führt, ist es für die Kinder gut zu wissen, dass der Spielleiter 'die Kontrolle' behält, sie schützt, dass er jede Verherrlichung von Gewalt nicht duldet.

Es gibt auch Themen, die dem Kind nicht angenehm sind. Wenn das Kind merkt, dass es angenommen wird, schlüpft es auch schneller in Rollen, die ihm selber unangenehm sind, die es nicht leiden kann. Das Kind kann dann 'so ganz nebenbei' im Spiel auch ihm unangenehme Seiten, die ja jeder hat, annehmen. Es erfährt durch das Spiel, dass diese, vom Kind und auch von vielen Erwachsenen oft als böse betrachteten Seiten es nicht überwältigen, sondern dass es sie 'in den Griff bekommt'.

Für Kinder ist es hilfreich, wenn der Spielleiter zwischendurch mit ihnen überlegt, warum ein Spieler sich im Spiel so verhält: Warum war er so vergnügt, so muffig, so zornig? Konnte man als Zuschauer herausbekommen, warum er so war? Haben wir es an der Bewegung oder am Gesichtsausdruck erkannt? War das auch an der Art und Weise wie er sprach zu merken? Die Kinder erfahren im Spiel etwas über Ursache und Wirkung, sie lernen durch Beobachtung der anderen sich selber besser kennen.

Wenn alle jetzt wissen, warum der gespielte Herr Sauerbier so muffig war, dann kann als nächster Schritt auch überlegt werden, ob es für ihn noch andere Reaktionsmöglichkeiten gibt. Wer oder was könnte ihm jetzt helfen? Der Spielleiter wird die Kinder sicher nicht mit langen Gesprächen vom Spiel fernhalten, er wird seinem Gespür trauen können, wann seine Fragen wichtig und hilfreich sind und wann die Kinder ganz allein durch das Spiel ihr Wahrnehmungsvermögen weiter schärfen.

Bei den Gesprächen ist es sicher wichtig, dass die Kinder merken, dass nicht sie persönlich angegriffen sind. Es gibt nicht nur eine Möglichkeit eine Rolle zu spielen, und die Vorstellung des Spielleiters ist auch nicht die einzig Richtige. Zusammen wird die Gruppe erfahren, dass die Vielfalt sie weiterbringt: Die Kinder tauchen in eine andere Welt. Sie können mal Mensch, mal Tier sein, sie erleben sich als Baum wie als Geist. Als Erwachsener bestehen sie Gefahren, als Kind erleben sie Abenteuer, heimliche Träume können in Szene gesetzt werden.

Durch das Theater spielen treten die Kinder mit größerer Sicherheit auf. Nicht nur ihre Bewegungen werden sicherer und gewandter, auch die sprachliche Ausdruckskraft wächst mit zunehmender Fantasie.

Die Rollenverteilung

Manche Kinder spielen gerne Hauptrollen. Für sie ist es zwischendurch auch wichtig, mal in eine Nebenrolle zu schlüpfen, den anderen zu helfen, dass sie als Stars voll zur Geltung kommen. Das klingt vielleicht verrückt, aber nicht nur Star sein ist für Kinder toll, das Gefühl, sich selber in seinem Geltungsgefühl überwunden zu haben, aus dem Hintergrund heraus jemanden zugearbeitet zu haben, ist für die kindliche Psyche genauso wichtig.

Manche Kinder halten sich gerne im Hintergrund. Der Spielleiter wird dann gut hinhören, um herauszufinden, ob dies aus Angst geschieht. Vielleicht haben sie schlechte Erfahrungen gemacht, mit sich, mit Spielkameraden oder Erwachsenen, die ihre Art des Spielens nicht verstanden haben. Diese Kinder brauchen lange und viel Unterstützung, um sich selbst zu überwinden und in eine Rolle zu schlüpfen. Zwang würde nur neuen Widerstand zur Folge haben. Wenn das Kind bereit ist, den nächsten Schritt zu tun, wird es Freude entwickeln und einen Schritt weiterkommen auf dem Weg zur größeren Selbstsicherheit.

Erfolg und Kritik

Die Kinder werden schnell merken, dass der Versuch, etwas zu spielen, was sie vorher noch nicht ausprobiert haben, wichtiger ist als das Ergebnis. Sich etwas zuzutrauen, sein Bestes zu geben stärkt mehr das kindliche Selbstvertrauen als perfekte Szenen, die nur durch ständiges Wiederholen so geworden sind.

Die Kinder bekommen schnell ein Gespür dafür, wann sie ihre Rolle ‘gut’ oder weniger gut gespielt haben. Der Spielleiter und auch die Kinder werden mehr und mehr ein Gespür dafür bekommen, was für jeden Spieler ‘gut’ ist. Das schüchterne Kind, das sich traut, über seinen Schatten zu springen, wird eine Rolle anders füllen als ein spielgeübtes Kind und die anschließende Besprechung wird dann auch entsprechend sein. Spielt ein Kind nicht ‘gut’, kann der Spielleiter dem einzelnen Spieler und indirekt auch der Gruppe durch aufbauende Kritik helfen, dass diese Erfahrung eine positive für jeden wird. Durch unterstützende Sachlichkeit erfahren die Kinder, dass nicht sie selber in Frage gestellt werden, und schaffen es so mehr und mehr sich selber auch von außen zu betrachten, Kritik anzunehmen.

■ *Unsicherheit*

Der Spielleiter trägt die Verantwortung für das Spiel. Trotzdem ist es keine Schande, wenn er sich zwischendurch unsicher fühlt. Er wird dadurch offener für die Spielvorschläge der Kinder, denn auf seine Unsicherheit reagieren die Kinder in der Regel unbewusst mit neuen hilfreichen Ideen. So entwickeln sich alle immer wieder neu weiter – ein spannender Prozess.

□ *Noch ein letzter Tip zum Schluss:*

Die Autorin dieses Buches kann man 'mieten'! Wenn Sie eine Fortbildung machen möchten, ob allgemein oder speziell zu Schwarzlicht-Theater, Schattenspiel usw. – Sie ist unter folgender Adresse erreichbar:

Maja Hasenbeck
Altenbostel 39
29582 Hanstedt

Tel.: 05822 - 5516 • Fax: 05822 - 5513

Maja Hasenbeck
So wunderschön wie heute
Geburtstage und Namenstage feiern
ISBN 3-7664-9299-3

Katharina Schenk
Lieber Gott, wo bist du?
Mit Kindern Glauben lernen
ISBN 3-7664-9296–9

Achim Schenk
Auch kleine Leute haben's schwer
Ängste und Fremdheit spielerisch überwinden
ISBN 3-7664-9293-4

Wolfgang Bort
Elternarbeit leichter machen
Wie man Eltern aktiviert
ISBN 3-7664-9276-4

Eckart Bücken
Bei uns spielt die Musik
Klangspiele und Spiellieder
ISBN 3-7664-9283-7

Gabriela Falkenberg
Gefühl bis in die Fingerspitzen
Körpererfahrung in Kindergruppen
ISBN 3-7664-9281-0

Maja Hasenbeck
In die Augen, in den Sinn
Wahrnehmung in Kindergruppen
ISBN 3-7664-9286-1

Eckart Bücken
Hören, was der Tag erzählt
Stille und Meditation mit Kindern
ISBN 3-7664-9309-4

Wolfgang Bort
Komm zu unserem Kinderfest
Ideen, Vorschläge und Anregungen zum Festefeiern
ISBN 3-7664-9227-6

Daniela Feix-Mag
Komm, wir finden einen Wortschatz
Sprach- und Sprechspiele in Kindergruppen
ISBN 3-7664-9305-1

Regina Grabbet
Schenken macht Spaß
Kinder gestalten mit Pfiff und Phantasie
ISBN 3-7664-9310-8

Achim Schenk
Lichtertanz, Augenglanz
Neuer Schwung in Kindergruppen
ISBN 3-7664-9313-2

Wolfgang Bort-Gsella
Spielen auf die Schnelle
Neue Ideen für Kindergruppen
ISBN 3-7664-9320-5

Heike Baum • Hajo Bücken
Wir freuen uns schon auf Dich
Die Neuen bei uns willkommen heißen
ISBN 3-7664-9323-x

Spiel-Lern-Reihe

3–7

Die bereits erschienenen Bände, alle broschiert mit 96 Seiten und vielen Abbildungen

Burckhardthaus-Laetare Verlag Offenbach/M.

Thomas Reuter

Das Kirchenjahr mit *Kindern* feiern

Ein Vorlesebuch mit lustigen Geschichten, Backrezepten und Spielen

96 Seiten, A5, broschiert, mit zahlreichen Vignetten und Illustrationen
DM 16,80
Bestell-Nr. 9329-9

Wer kennt noch die kirchlichen Feste und Feiertage und deren Bedeutung?
Dieses Buch erklärt auf unterhaltsame Art in lustigen Geschichten, die Kindern vorgelesen werden können, alle wichtigen Feste des Kirchenjahres, wobei sowohl katholische als auch evangelische Feste berücksichtigt werden.
Viele lustige, aber auch spannende Geschichten, was Marcus, Luise und ihre Eltern so alles erleben, werden erzählt. Beginnend mit der Adventszeit führt das Buch durch das ganze Kirchenjahr.
Das Buch enthält viele Koch- und Backrezepte, Spielvorschläge und vieles mehr.

Das Buch eignet sich als

- **Geschenkbuch,**
- **Vorlesebuch** für die Familie und im Kindergottesdienst,
- kleines **Koch- und Backbuch**

und enthält viele Spiel- und Bastelvorschläge.

Der Autor lebt in Wurzen bei Leipzig und ist als Religionspädagoge im Bereich Jugend-, Familien- und Elternarbeit und als Religionslehrer tätig. Er ist Verfasser zahlreicher Kurzgeschichten und Kindererzählungen.

Burckhardthaus-Laetare Verlag